un tombeau. Le valet profita de cette diversion pour fuir, ce qu'il fit sans difficulté, la vue de l'abbé, qui était le seul et véritable objet de la haine générale, ayant détourné l'attention de dessus lui.

Mais Esprit Seguier avait précédé tous les autres, et comme il était arrivé le premier près de l'archiprêtre, il étendit les mains sur lui.

— Arrêtez, frères! cria-t-il; arrêtez! Dieu ne veut pas la mort du pécheur, mais qu'il se convertisse et qu'il vive.

— Non, non! crièrent une vingtaine de voix, résistant, pour la première fois peut-être, à une injonction du prophète, non! qu'il meure sans miséricorde, comme il a frappé sans pitié! A mort, le fils de Belial! à mort!

— Silence! cria le prophète d'une voix terrible; car voilà ce que Dieu vous dit par ma voix : Si cet homme veut nous suivre et remplir parmi nous les fonctions du pasteur, qu'il lui soit fait grâce de cette vie, qu'il consacrera désormais à la propagation de la vraie croyance.

— Plutôt mourir mille fois, répondit l'archiprêtre, que de venir en aide à l'hérésie!

— Meurs donc! s'écria Laporte en le frappant d'un poignard.— Tiens, voilà pour mon père, que tu as fait brûler à Nîmes. — Et il passa le poignard à Esprit Seguier.

L'archiprêtre ne poussa pas un cri, ne fit pas un geste; on eût dit que le poignard s'était émoussé sur sa robe comme sur une cotte de mailles, si l'on n'eût vu couler une traînée de sang; seulement il leva les yeux au ciel, et prononça les paroles du psaume de la pénitence;

v.   7

— Des profondeurs de l'abîme, j'ai crié vers vous, Seigneur; Seigneur, écoutez ma voix.

Alors Esprit Seguier leva le bras et le frappa à son tour, en disant :

—Voilà pour mon fils, que tu as fait rouer vif à Montpellier, — Et il passa son poignard à un autre fanatique.

Mais le coup n'était pas encore mortel; seulement un nouveau ruisseau de sang se fit jour, et l'abbé dit d'une voix plus faible :

— Délivrez-moi, ô mon Sauveur, des peines que méritent mes actions sanglantes, et je publierai avec joie votre justice.

Celui qui tenait le poignard s'approcha et frappa à son tour, en disant :

—Tiens! voilà pour mon frère, que tu as fait mourir dans les ceps.

Cette fois le coup avait traversé le cœur; l'archiprêtre n'eut que le temps de prononcer ces paroles :

—Ayez pitié de moi, mon Dieu, selon votre miséricorde ; — et il expira.

Mais sa mort ne suffisait point à la vengeance de ceux qui n'avaient pu l'atteindre vivant : chacun s'approcha donc de lui et le frappa, comme avait fait son devancier, au nom de quelque ombre qui lui était chère, en prononçant les mêmes paroles de malédiction.

Et l'abbé reçut ainsi cinquante-deux coups de poignard : cinq à la tête, onze au visage, dix-neuf à la poitrine, sept au ventre, sept au côté et trois dans le dos.

MASSACRES DU MIDI.

Parmi ces cinquante-deux blessures, vingt-quatre
étaient mortelles.

Ce fut ainsi que périt, à l'âge de cinquante-cinq ans,
messire Françoisde Langlade Duchayla, prieur de Laval,
inspecteur des missions du Gévaudan, archiprêtre des
Cévennes et de Mende.

Cependant, après l'assassinat de l'archiprêtre, ceux
qui l'avaient commis, comprenant qu'il n'y avait plus de
sûreté pour eux, ni dans les villes ni dans la plaine, s'é-
taient retirés dans les montagnes; mais en se retirant,
comme ils passaient devant le château de M. de Laveze,
gentilhomme catholique de la paroisse de Molezon, un
des fanatiques se souvint avoir entendu dire que ce
seigneur avait chez lui quantité de fusils. C'était tomber
merveilleusement, car les religionnaires manquaient surtout d'armes à feu. Ils envoyèrent donc deux députés à
M. de Laveze pour lui demander de partager au moins
avec eux. Mais M. de Laveze, en bon catholique, répondit qu'effectivement il avait des armes, mais que ces
armes étaient destinées au triomphe et non à l'abaisse-
ment de la religion; qu'en conséquence il ne les rendrait
qu'avec sa vie. A ces mots, il congédia les ambassadeurs
et ferma les portes derrière eux.

Mais, pendant les pourparlers, les religionnaires s'é-
taient approchés du château; de sorte que, recevant là
réponse plus tôt que ne s'y était attendu le brave gentilhomme, ils résolurent de ne pas lui donner le temps de
se mettre en défense, et se ruèrent aussitôt contre les
murailles, qu'ils escaladèrent en montant sur les épaules

CRIMES CÉLÈBRES.

les uns des autres; de sorte qu'ils arrivèrent à l'une des
chambres du château où M. de Laveze s'était enfermé
avec toute sa famille. En un instant la porte fut enfoncée,
et tout chauds encore du meurtre de l'abbé Duchayla,
les fanatiques commencèrent un nouveau massacre. Nul
ne fut épargné, ni M. de Laveze, ni son frère, ni son
oncle, ni sa sœur, qui leur demanda la vie à genoux sans
pouvoir l'obtenir, ni sa mère âgée de quatre-vingts ans,
qui vit, du lit où elle était couchée, mourir toute sa famille avant elle, et que les assassins poignardèrent à son
tour, sans songer que ce n'était pas la peine d'avancer
une mort qui, selon les lois de la nature, devait déjà être
si proche.

Cette boucherie achevée, les fanatiques se répandirent
dans le château, se partagèrent le linge dont beaucoup
manquaient, étant sortis de chez eux dans la croyance
qu'ils allaient y rentrer, et la vaisselle d'étain, qu'ils
destinèrent à faire des balles de fusil. Enfin ils s'em-
parèrent d'une somme de cinq mille francs : c'était la
dot de la sœur de M. de Laveze, qui était sur le point de
se marier, et dont ils firent le premier fonds de leur
caisse militaire.

La nouvelle de ces deux assassinats se répandit rapidement non seulement à Nîmes, mais encore dans toute la
province; si bien que les autorités s'en émurent. M. le
comte de Broglio traversa les hautes Cévennes et descendit au pont de Montvert, suivi de quelques compagnies
de fusiliers. D'un autre côté, M. le comte de Peyre,
lieutenant-général du Languedoc, amena cent trente-

MASSACRES DU MIDI.

deux hommes à cheval avec trois cent cinquante fantassins, qu'il avait levés à Marvejols, à la Canourgue, à
Chirac et à Serverette. M. de Saint-Paul, frère de l'abbé
Duchayla, accourut au rendez-vous accompagné du marquis Duchayla, son neveu, et de quatre-vingts cavaliers
qui étaient de Saugiez et de leurs autres terres. Le comte
de Morangiez arriva de Saint-Auban et de Malzieu avec
deux compagnies de cavalerie; et la ville de Mende, par
ordre de son évêque, envoya sa noblesse à la tête de
trois compagnies composées de cinquante hommes chacune.

Mais déjà les fanatiques avaient disparu dans la montagne, et l'on n'avait plus aucune nouvelle d'eux; seulement, de temps en temps, un paysan qui avait traversé les Cévennes disait avoir entendu, vers l'aube ou
le crépuscule, soit au sommet de quelque montagne, soit
au fond de quelque vallée, des chants d'actions de grâces
au Seigneur; c'étaient les fanatiques qui priaient après
avoir assassiné.

La nuit aussi on apercevait parfois des feux qui s'al-
lumaient au sommet des plus hautes montagnes et qui
semblaient correspondre entre eux. Le lendemain, dès
que l'obscurité était venue, on tournait les yeux du
même côté, mais les fanaux étaient éteints.

M. de Broglio pensa, en conséquence, qu'il n'y avait
rien à faire contre ces ennemis invisibles : il congédia les
troupes auxiliaires, se contenta de laisser une compagnie
de fusiliers au Collet, une autre aux Ayres, une autre au
pont de Montvert, une autre à Barre, et une autre au

CRIMES CÉLÈBRES.

Pompidou; puis, ayant mis le tout sous le commandement du capitaine Poul, qu'il établit leur inspecteur, il
s'en revint à Montpellier.

Le choix qu'avait fait M. de Broglio du capitaine Poul
dénotait un jugement parfait des hommes auxquels il avait
affaire, et une connaissance exacte de la situation. En
effet, le capitaine Poul semblait le chef naturel de la
guerre qui se préparait. « C'était, — dit le père Louvreloeil,
prêtre de la doctrine chrétienne et curé de Saint-Germain
de Calberte, — un officier de mérite et de réputation, origi-
naire de Ville-Dubert, proche de Carcassonne, qui avait
servi en Allemagne et en Hongrie dans sa jeunesse, et qui
s'était signalé en Piémont dans les divers partis contre les
Barbets, surtout pour avoir coupé la tête à Barbanaga, leur
chef, dans sa tente, durant les dernières guerres. Sa taille
haute et libre, sa mine belliqueuse, l'habitude du travail,
sa voix enrouée, son naturel ardent et austère, son habit
négligé, la maturité de son âge, son intrépidité éprouvée,
l'avantage de son expérience, sa taciturnité ordinaire, la
longueur et le poids de son sabre d'Arménie le rendaient
formidable. Ainsi on n'aurait pu choisir un homme plus
propre à dompter ces rebelles, à forcer leurs retranche-
mens et à les mettre en déroute. »

Aussi, à peine installé au bourg de Labarre, qui était
son poste, ayant appris qu'un rassemblement de fanatiques
avait été vu au passage de la petite plaine de Fondmorte,
située entre deux vallons, il monta sur son cheval d'Espagne sur lequel il était accoutumé de se tenir à la manière turque, c'est-à-dire le jarret à demi plié, afin de

MASSACRES DU MIDI.

pouvoir s'élancer jusqu'aux oreilles, ou se renverser jusqu'à la queue, selon qu'il lui était nécessaire de porter
un coup mortel ou de l'éviter, et se mit en route pour le
joindre avec dix-huit soldats de sa compagnie et vingt-
cinq de celle de la bourgeoisie, ne pensant pas qu'il lui
fallût plus de quarante ou quarante-cinq hommes pour
disperser une troupe de paysans, si nombreuse qu'elle fût.

On n'avait pas trompé le capitaine Poul : une centaine
de religionnaires, sous la conduite d'Esprit Seguier, était
campée dans la plaine de Fondmorte ; et vers les onze
heures du matin, la sentinelle que ces derniers avaient
placée dans le défilé cria : Aux armes ! lâcha son coup de
fusil et se replia sur ses frères. Mais le capitaine Poul,
avec son impétuosité ordinaire, ne donna point à ceux-ci
le temps de se préparer, et se précipita sur eux, au son du
tambour et sans être aucunement arrêté par leur premier
feu. Comme il s'y était attendu, il avait affaire à des
paysans sans discipline, qui, une fois dispersés, ne par-
vinrent plus à se rallier. La déroute fut donc complète.
Poul en tua plusieurs de sa main, et entre autres deux
auxquels, grâce au merveilleux tranchant de son sabre de
Damas, il enleva la tête des épaules aussi habilement
qu'aurait pu le faire le bourreau le plus expérimenté. A
cette vue, tout ce qui tenait encore prit la fuite. Poul les
poursuivit, sabrant et pointant sans se lasser ; puis, lorsque toute la troupe eut disparu dans les montagnes, il
repassa sur le champ de bataille, ramassa les deux têtes,
les accrocha aux arçons de sa selle, et revint joindre avec
ce trophée sanglant le groupe le plus nombreux de ses

CRIMES CÉLÈBRES.

soldats ; car chacun, comme dans une espèce de duel, avait combattu pour son propre compte. Il trouva au milieu de ce groupe trois prisonniers que l'on s'apprêtait à fusiller ; mais Poul ordonna qu'il ne leur fût fait aucun mal, non pas qu'il eût l'intention de leur sauver la vie, mais il les gardait pour une exécution publique. Ces trois hommes étaient un nommé Nouvel, paroissien de Vialon ; Moïse Bonnet, de Pierre-Male ; et Esprit Seguier, le prophète.

Le capitaine Poul rentra au bourg de la Barre avec ses deux têtes et ses trois prisonniers, et donna aussitôt connaissance à M. Just de Baville, intendant du Languedoc, de la capture importante qu'il avait faite. Le jugement ne se fit pas attendre. Pierre Nouvel fut condamné à être brûlé vif au pont de Montvert, Moïse Bonnet à être rompu à Devèze, et Esprit Seguier à être pendu à André-de-Laneise. Les amateurs de supplice avaient à choisir.

Moïse Bonnet se convertit ; mais Pierre Nouvel et Esprit Seguier moururent en martyrs, en confessant la religion nouvelle et en chantant les louanges de Dieu.

Le surlendemain de l'exécution d'Esprit Seguier, on s'aperçut que le corps avait disparu de la potence. Un jeune homme, nommé Roland, neveu de Laporte, était celui qui s'était chargé de cette hardie expédition, et en se retirant il avait cloué un écriteau au gibet.

Cet écriteau était un cartel de Laporte au capitaine Poul. Le défi était daté du camp de l'Éternel dans le désert des Cévennes, et Laporte y prenait le titre de co-

MASSACRES DU MIDI.

lonel des enfans de Dieu qui cherchent la liberté de conscience.

Poul était sur le point d'accepter le combat, lorsqu'il apprit que l'insurrection se propageait de tout côté. Un jeune homme de Vieiljeu, âgé de vingt-six ans, et qui se nommait Salomon Couderc, avait succédé à Esprit Seguier dans l'office de prophète, et Laporte avait été rejoint par deux lieutenans, dont l'un était son neveu Roland, homme de trente ans à peu près, grêlé, blond, maigre, froid et taciturne, plein de force, quoique d'une taille médiocre, et d'un courage à toute épreuve. L'autre était un garde de la montagne de Laygoal, dont l'adresse était si connue, qu'il passait pour ne jamais manquer un coup de fusil, et se nommait Henri Castanet, de Massevaques. Chacun de ces deux lieutenans avait cent cinquante hommes sous ses ordres.

De leur côté, les prophètes et les prophétesses augmentaient avec une rapidité effrayante, et il n'y avait pas de jour que l'on n'entendît dire que quelque nouvel inspiré n'eût fanatisé dans quelque village nouveau.

Sur ces entrefaites, on apprit qu'une grosse assemblée, composée des protestans du Languedoc, avait eu lieu dans les prés de Vauvert, et là avait décidé de se réunir aux révoltés des Cévennes, et de leur envoyer un député pour leur faire savoir ce projet.

Laporte arrivait de La Vaunage, où il avait été faire de nouvelles recrues, lorsqu'il reçut l'exprès qui lui apportait cette bonne nouvelle; il envoya aussitôt à ses nouveaux alliés son neveu Roland, avec mission de leur porter

CRIMES CÉLÈBRES.

se foi en échange de la leur, et de leur faire, pour les attirer à lui, le tableau du pays qu'ils avaient choisi pour
en faire le théâtre de la guerre, et qui convenait si bien,
grâce à ses hameaux, à ses bois, à ses défilés, à ses vallons,
à ses précipices et à ses cavernes, pour se diviser en plusieurs bandes, se rallier après une déroute, et dresser des
embuscades. Roland eut un tel succès dans sa mission,
que les nouveaux soldats du Seigneur, ainsi qu'ils s'inti-
tulaient, ayant appris qu'il avait été dragon, lui offrirent
de le nommer leur chef. Roland accepta, et l'ambassa-
deur revint avec une armée.

Se voyant ainsi renforcés, les religionnaires se divisè-
rent en trois bandes, afin de propager la foi dans tout le
pays. L'une descendit vers Soustèle et les autres lieux
voisins d'Alais; l'autre monta vers Saint-Privat et le pont
de Montvert ; enfin la troisième suivit le versant de la
montagne, marchant vers Saint-Roman-le-Pompidou et
Barre. La première était commandée par Castanet, la seconde par Roland, et la troisième par Laporte.

Chacune fit de grands ravages partout où elle passa,
rendant aux catholiques mort pour mort, incendie pour
incendie ; de sorte que les nouvelles de toutes ces catastro-
phes arrivant coup sur coup au capitaine Poul, il réclama
de M. de Broglio et de M. de Baville de nouvelles troupes,
que ceux-ci s'empressèrent de lui envoyer.

A peine le capitaine Poul se vit-il à la tête d'une
troupe suffisante, qu'il résolut d'attaquer les rebelles.
D'après les informations reçues, il avait appris que la
troupe commandée par Laporte était en marche pour

MASSACRES DU MIDI

traverser le vallon de la Croix au-dessous de Barre
et proche le Témelague. Fort de ces renseignemens, il
alla s'embusquer dans un endroit avantageux, et quand il
vit les religionnaires sans défiance, engagés dans le pas
difficile où il les attendait, il sortit de son embuscade, et
se mettant, selon son habitude, à la tête de ses soldats, il
les chargea avec un tel courage et une si grande impétuosité, que, surpris à l'improviste, ils n'essayèrent pas même
de se défendre; mais, au contraire, chacun se débanda,
s'éparpillant sur le versant de la montagne, et gagnant
du terrain, quelques efforts que fit Laporte pour les retenir. Enfin, voyant qu'il était abandonné de tout le
monde, il commença de songer à sa propre sûreté; mais
il était déjà bien tard, presque entouré qu'il était par les
dragons, il n'avait plus de chance de retraite qu'en sautant
du haut en bas d'un rocher. Il se dirigea vers lui, gagna le
sommet, s'y arrêta un instant avant de s'élancer, levant
les mains au ciel pour implorer Dieu. En ce moment une
fusillade partit : deux balles l'atteignirent, et il tomba la
tête en avant dans le précipice.

Les dragons accoururent, et le trouvèrent mort au bas
du rocher. Comme ils l'avaient reconnu pour le chef, ils
le fouillèrent aussitôt, et trouvèrent dans ses poches
soixante louis en or, et la coupe d'un calice dont il se
servait habituellement pour boire, ainsi que d'un gobelet
profane. Poul lui fit couper la tête, ainsi qu'à douze autres
cadavres qui étaient restés sur le champ de bataille, les
fit mettre toutes les treize dans un panier, et envoya le
panier à M. Just de Baville.

CRIMES CÉLÈBRES.

Les religionnaires, au lieu de se laisser abattre par cette défaite et par cette mort, réunirent leurs trois troupes, et nommèrent Roland leur chef à la place de Laporte. Roland élut aussitôt pour son lieutenant un nommé Couderc de Mazel Rozade, qui prit le nom de Lafleur, et l'armée rebelle se retrouva non seulement réorganisée, mais encore au grand complet, par l'adjonction d'une nouvelle bande de cent hommes que le nouveau lieutenant avait levée ; aussi le premier signe d'existence qu'ils donnèrent fut l'incendie des églises du Bousquet de Cassagnas et du Prunet.

Alors les consuls de Mende virent qu'on était engagé non plus dans une insurrection, mais dans une guerre ; et toute capitale du Gévaudan qu'était cette ville, comme ils s'attendaient à être attaqués d'un moment à l'autre, ils remirent en état les contrescarpes, les ravelins, les courtines, les portes, les herses, les fossés, les fausses brayes, les murailles, les tours, les remparts, les parapets et les guérites ; puis, ayant fait une provision de poudre, de balles et de fusils, ils dressèrent huit compagnies de cinquante hommes chacune, toutes composées de citadins, et une autre de cent cinquante hommes recrutés dans les campagnes voisines et composée de paysans. Enfin les états de la province envoyèrent un député au roi pour le supplier de vouloir bien remédier au désordre de l'hérésie qui chaque jour s'étendait de plus en plus. Le roi fit aussitôt partir M. de Julien. Ainsi ce n'étaient plus les simples gouverneurs de villes ni les chefs de provinces qui étaient engagés dans la lutte, c'était la royauté elle-même qui était forcée de faire face aux rebelles.

MASSACRES DU MIDI.

M. de Julien, né d'une famille hérétique, appartenait
à la noblesse d'Orange, et avait commencé à servir contre
la France, ayant fait ses premières armes en Angleterre
et en Irlande. Le prince d'Orange, dont il était page au
moment où il succéda à Jacques II, lui donna, en récompense de sa fidélité dans la fameuse campagne de 1688,
un régiment qu'il conduisit au secours du duc de Savoie,
qui avait demandé des troupes aux Anglais et aux Hollan-
dais ; et il s'y conduisit de telle façon qu'il fut un de ceux
qui contribuèrent le plus à faire lever le siége de Cony à
l'armée française.

Soit qu'après cette campagne les prétentions du colonel
fussent exagérées, soit qu'effectivement le duc de Savoie
ne l'appréciât point à sa valeur, il se retira à Genève, où
Louis XIV, profitant de son mécontentement, lui fit transmettre des offres ; ces offres étaient le même grade dans
les armées françaises avec une pension de trois mille
livres. M. de Julien les accepta, et, comprenant que sa
croyance serait probablement un obstacle à son avance-
ment, il changea de religion en changeant de maître. Alors
le roi l'envoya prendre le commandement de la vallée de
Barcelonnette, où il fit plusieurs expéditions contre les
Barbets ; puis de ce commandement il passa à celui des
Avenues de la principauté d'Orange, où sa mission était
de garder les passages pour que les protestans français
ne pussent aller au temple hérétique ; enfin après un an
d'exercice, il venait rendre compte de sa gestion au roi,
lorsqu'il se trouva par fortune à Versailles au moment où
arriva le député du Gévaudan. Louis XIV, satisfait de la

CRIMES CÉLÈBRES.

façon dont il s'était conduit dans ses deux commande-
mens, le créa maréchal de camp, chevalier de l'ordre militaire de Saint-Louis et commandant dans le Vivarais
et dans les Cévennes.

A peine M. de Julien fut-il arrivé, qu'au contraire de
ses devanciers, qui avaient toujours manifesté le plus profond mépris pour les hérétiques, comprenant la gravité
de la révolte, il reconnut aussitôt en personne les diffé-
rens quartiers où M. de Broglio avait dispersé les régimens de Tournon et de Marsily. Il est vrai qu'il était
arrivé à la lueur des incendies : les églises de plus de
trente villages étaient en flammes.

M. de Broglio, M. de Baville, M. de Julien et le capitaine Poul s'abouchèrent alors pour aviser aux moyens
de faire cesser tous ces désordres. Il fut convenu que les
troupes royales se sépareraient en deux bandes, et que
l'une, sous la conduite de M. de Julien, se dirigerait vers
Alais, où l'on prétendait que se tenaient de grandes assemblées de rebelles, et que l'autre battrait les environs
de Nîmes sous la conduite de M. de Broglio.

En conséquence, les deux chefs se séparèrent. M. le
comte de Broglio, à la tête de soixante-deux dragons et de
quelques compagnies, ayant sous ses ordres le capitaine
Poul et M. de Dourville, partit de Cavayrac, le 12 janvier
à deux heures après minuit, parcourut sans rien trouver les vignes de Nîmes et de la Garrigue de Milhau, et prit
la route du pont de Lunel. Là il apprit que ceux qu'ils
cherchaient avaient séjourné vingt-quatre heures au château de Caudiac. A cette nouvelle, il marcha vers le bois

MASSACRES DU MIDI.

qui l'environne, ne doutant point que les fanatiques ne
s'y fussent retranchés; mais, contre son attente l'ayant
trouvé libre, il poussa à Vauvert, de Vauvert à Beauvoisin, et de Beauvoisin à Generac, où il apprit qu'une
troupe de rebelles avait passé la nuit et vers le matin
avait pris le chemin d'Aubore. Résolu à ne point leur
donner de relâche, M. de Broglio se mit aussitôt en route
pour ce village.

A moitié chemin à peu près, quelqu'un de sa suite
crut apercevoir un gros de gens rassemblés près d'une
maison distante d'une demi-lieue à peu près; aussitôt
M. de Broglio ordonna au sieur de Gibertin, lieutenant
du capitaine Poul, qui le suivait à la tête de sa compagnie, d'aller reconnaître avec huit dragons quels étaient
ces hommes, tandis que lui ferait halte, où il était, avec
le reste de la troupe.

Le petit détachement se mit en chemin, précédé de son
officier, traversa un bois taillis, et s'avança vers cette
métairie que l'on appelait le mas de Gafarel, et qui alors
paraissait solitaire. Mais lorsque M. de Gibertin fut à
une demi-portée de fusil de ses murs, il en vit sortir une
troupe de soldats qui s'avança contre lui en battant la
charge : alors il jeta les yeux vers sa droite, et aperçut
une seconde troupe qui sortait d'une maison voisine; en
même temps il en découvrit une troisième qui était couchée ventre à terre au coin d'un petit bois, et qui se levant tout-à-coup s'avança de son côté en chantant des
psaumes. Il n'y avait pas moyen de tenir contre des forces
si supérieures. M. de Gibertin fit tirer deux coups de

fusil pour prévenir M. le comte de Broglio de venir au-devant de son avant-garde, et recula jusqu'à ce qu'il eût rejoint les catholiques. Au reste, les rebelles ne l'avaient poursuivi qu'autant qu'il l'avait fallu pour qu'ils arrivassent à une position excellente sur laquelle ils s'étaient établis.

De son côté, M. de Broglio, après avoir tout examiné à l'aide d'une lunette d'approche, tint avec ses lieutenans un petit conseil dont le résultat fut qu'il fallait attaquer. Cette résolution prise, on marcha vers les rebelles sur une seule ligne, le capitaine Poul tenant la droite, M. de Dourville la gauche, et le comte de Broglio le milieu.

A mesure que l'on s'avançait vers eux, on pouvait voir qu'ils avaient choisi leur terrain avec une sagacité stratégique que l'on n'avait pas encore remarquée en eux. Cette habileté dans les dispositions militaires leur venait évidemment d'un nouveau chef que personne ne connaissait, pas même le capitaine Poul, quoiqu'on pût voir ce chef, la carabine à la main, à la tête de ses hommes.

Cependant ces savans préparatifs n'arrêtèrent point M. de Broglio; il ordonna de charger, et, joignant l'exemple au précepte, lança lui-même son cheval au galop. De leur côté, les camisards du premier rang mirent un genou en terre, afin que ceux qui étaient derrière eux pussent viser ; et la distance qui séparait les deux troupes commença, grâce à l'impétuosité des dragons, à disparaître rapidement : seulement, en arrivant à trente pas des rebelles, les troupes royales trouvèrent tout-à-coup

MASSACRES DU MIDI.

le terrain coupé par une ravine profonde qui formait
fossé devant les camisards. Quelques-uns retinrent leurs
chevaux à temps ; mais, malgré les efforts que quelques
autres firent pour s'arrêter, pressés par ceux qui les
suivaient, ils furent poussés dans le ravin, où ils rou-
lèrent sans pouvoir se retenir. Au même moment, le mot
feu retentit poussé par une voix sonore, la fusillade pé-
tilla, et quelques dragons tombèrent autour de M. de
Broglio.

— En avant ! cria le capitaine Poul; en avant ! — Et,
lançant son cheval vers un endroit du ravin dont les bords
étaient moins escarpés, il commença à gravir le plateau,
suivi de quelques dragons.

— Mort au fils de Bélial ! — dit la même voix qui avait
crié feu. En même temps un coup de fusil isolé partit,
et le capitaine Poul étendit les bras, laissa échapper son
sabre, et tomba de son cheval, qui, au lieu de fuir, flaira
son maître de ses naseaux fumans, et, élevant la tête,
poussa un long hennissement. Les dragons reculèrent.

— Ainsi périssent les persécuteurs d'Israël ! — s'écria
le chef, brandissant sa carabine. Et à ces mots, s'élan-
çant dans la ravine, il saisit le sabre du capitaine Poul et
sauta sur son cheval. L'animal, fidèle à son ancien maître,
voulut résister un instant ; mais il sentit bientôt à la
pression des genoux qu'il avait affaire à un cavalier qu'il
ne lui serait pas facile de désarçonner. Néanmoins il se
cabra et bondit, mais le cavalier tint ferme ; et comme
s'il eût reconnu son impuissance, le noble coursier d'Espagne secoua la tête, hennit encore et obéit.

v.   9

CRIMES CÉLÈBRES.

Pendant ce temps, les dragons de leur côté, et une partie des camisards de l'autre, étaient descendus dans la ravine, qui était devenue le théâtre de la bataille, tandis que ceux qui étaient restés au haut du fossé continuaient de tirer avec d'autant plus d'avantage qu'ils dominaient leurs ennemis. Aussi, au bout d'un instant, les dragons de M. Dourville lâchèrent-ils pied, quoique en ce moment même leur chef, qui combattait corps à corps comme un simple soldat, vînt de recevoir une grave blessure à la tête. Vainement M. de Broglio voulut les rallier : comme il se jetait au milieu de la compagnie de son lieutenant pour soutenir, son corps à lui même l'abandonna; de sorte que, n'ayant plus d'espoir dans le gain de la bataille, il s'élança avec quelques braves seulement pour dégager M. Dourville, qui, se retirant par la trouée que son chef venait de lui faire, se mit en retraite tout sanglant. De leur côté, comme les camisards aperçurent dans le lointain un renfort de fantassins qui arrivait aux troupes royales, ils se contentèrent de poursuivre leurs adversaires par une fusillade bien nourrie, mais sans quitter la position à laquelle ils avaient dû leur fafacile et prompte victoire.

A peine les troupes royales furent-elles hors de portée, que le chef des rebelles se mit à genoux et entonna le psaume que les Israélites chantèrent lorsque, arrivés de l'autre côté de la mer Rouge, ils virent l'armée de Pharaon engloutie par les flots; de sorte que le sifflement des balles avait à peine cessé de poursuivre les troupes royales, que les chants de victoire les poursui-

MASSACRES DU MIDI.

vaient encore. Puis, leurs actions de grâces rendues à Dieu, les religionnaires rentrèrent dans les bois, suivant le nouveau chef, qui du premier coup, venait ainsi de donner la mesure de sa science, de son sang-froid et de son courage.

Ce nouveau chef, qui devait bientôt faire, de ses supérieurs mêmes, ses lieutenans, était le fameux Jean Cavalier.

Jean Cavalier était alors un jeune homme de vingt-trois ans, de taille courte mais vigoureuse, ayant le visage ovale et bien fait, les yeux beaux et vifs, de longs cheveux châtains tombant sur les épaules, et la physionomie d'une douceur remarquable. Il était né, en 1680, à Ribaute, village du diocèse d'Allais, où son père possédait une petite métairie, qu'il abandonna pour venir habiter, comme son fils n'avait encore que douze ou quinze ans, la ferme de Saint-Andéol, près de Mende.

Le jeune Cavalier, qui n'était autre chose qu'un paysan, fils de paysan, entra d'abord comme berger chez le sieur Lacombe, bourgeois de Vezenobre; mais comme cette vie solitaire déplaisait à un jeune homme ardent au plaisir comme il l'était, il sortit de chez ce premier patron, et entra comme apprenti chez un boulanger d'Anduze.

Là son amour pour les armes se développa; toutes les heures que le travail lui laissait libres, il les passait à regarder les gens de guerre faire l'exercice; bientôt il trouva même moyen de se lier avec quelques soldats, de façon qu'un prevôt lui donna des leçons d'armes, et un dragon lui apprit à monter à cheval.

CRIMES CÉLÈBRES.

Un dimanche, qu'il se promenait ayant sa fiancée au bras, la jeune fille fut insultée par un dragon du régiment de Florac. Jean Cavalier donna un soufflet au dragon; le dragon tira son sabre; Cavalier s'empara de l'épée d'un assistant; mais on se jeta entre les jeunes gens avant qu'ils n'en vinssent aux mains. Au bruit de cette querelle, un officier accourut; c'était le marquis de Florac, capitaine du régiment qui portait son nom; mais les bourgeois d'Anduze avaient déjà trouvé moyen de faire filer le jeune homme; de sorte que le marquis, en arrivant, au lieu de l'orgueilleux paysan qui avait osé frapper un soldat du roi, ne trouva plus que sa fiancée évanouie.

La jeune fille était si belle, qu'on ne l'appelait que la belle Isabeau; si bien que le marquis de Florac, au lieu de poursuivre Jean Cavalier, s'occupa de faire revenir à elle sa promise.

Cependant, comme l'affaire était grave et que le régiment tout entier avait juré sa mort, les amis de Jean Cavalier lui conseillèrent de quitter le pays et de s'expatrier pour quelque temps. La belle Isabeau, qui tremblait pour son fiancé, joignit ses prières à celles de ses amis; de sorte que Cavalier consentit à s'éloigner. La jeune fille promit à son fiancé fidélité à toute épreuve; et Jean Cavalier, comptant sur cette promesse, partit pour Genève.

Là il fit connaissance avec un gentilhomme protestant nommé Du Serre, qui, ayant une verrerie au mas Arribas, c'est-à-dire tout près de la ferme de Saint-Andéol, avait été prié plusieurs fois, par Jérôme Cavalier, de remettre quelque argent à son fils pendant les voyages que

MASSACRES DU MIDI.

lui Du Serre faisait à Genève, en apparence pour l'exten-
sion de son commerce, mais en réalité pour la propagation de la foi. Entre le proscrit et l'apôtre l'union fut
facile. Du Serre trouva dans le jeune Cavalier un tempé-
rament robuste, une imagination ardente, un courage
à toute épreuve : il lui fit part de ses espérances de rétablir la réforme dans le Languedoc et dans le Vivarais.
Tout rappelait Cavalier en France, besoin de la patrie,
amour de cœur. Il passa la frontière déguisé en domestique et à la suite du gentilhomme protestant ; il rentra de
nuit dans le bourg d'Anduze, et s'achemina droit à la maison de sa fiancée. Il allait y frapper, quoiqu'il fût une
heure du matin, lorsqu'il vit la porte s'ouvrir d'elle-
même, et un beau jeune homme en sortir accompagné
jusqu'à la porte par une femme. Le beau jeune homme
était le marquis de Florac ; la femme qui le reconduisait
était Isabeau. La fiancée du paysan était devenue la maî-
tresse du noble.

Notre héros n'était pas homme à souffrir impunément
un pareil outrage. Il marcha droit au capitaine et lui
barra le passage. Celui-ci voulut le repousser du coude ;
mais Jean Cavalier, laissant tomber le manteau qui l'en-
veloppait, mit l'épée à la main. Le marquis était brave ;
il ne s'inquiéta point si celui qui l'attaquait était son égal ;
l'épée appelait l'épée ; les fers se croisèrent, et au bout
d'un instant le marquis tomba frappé d'un coup d'épée
qui lui traversait la poitrine.

Cavalier crut avoir tué le marquis, car il était étendu
à ses pieds sans mouvement. Il n'y avait donc pas de temps

CRIMES CÉLÈBRES.

à perdre, car il n'y avait pas de clémence à espérer. Il remit son épée sanglante dans le fourreau, gagna la plaine, de la plaine se jeta dans la montagne, et au point du jour il était en sûreté.

Le fugitif passa le reste de la journée dans une espèce de métairie isolée où on lui donna l'hospitalité. Comme il lui fut facile de reconnaître qu'il était chez un religionnaire, il ne fit à son hôte aucun mystère de sa position, lui demandant où il retrouverait quelque troupe organisée dans laquelle il pourrait prendre son rang, son intention étant de combattre pour la propagation de la réforme. Le fermier lui indiqua Génerac comme devant être le rendez-vous d'une centaine de ses frères. Cavalier partit le soir même pour ce village; et il arrivait au milieu des camisards au moment même où ceux-ci venaient d'apercevoir dans le lointain M. de Broglio et sa troupe. Alors, comme ils n'avaient pas de chef, il s'était à l'instant même, avec cette faculté dominatrice que certains hommes possèdent naturellement, constitué leur capitaine, et avait fait pour recevoir les troupes royales les dispositions que nous avons vues; de sorte que, après la victoire à laquelle il avait si bien contribué de la tête et du bras, il avait été par acclamation confirmé dans le titre qu'il s'était arrogé lui-même.

Tel était le fameux Jean Cavalier lorsque, par la défaite de leurs plus braves compagnies et la mort de leur plus intrépide capitaine, les troupes royales apprirent son existence.

Le bruit de cette victoire se répandit bientôt par toutes

MASSACRES DU MIDI.

les Cévennes ; et de nouveaux incendies illuminèrent les montagnes en signe de joie. Ces fanaux furent le château de la Bastide, appartenant au marquis de Chambonnas, l'église de Samson et le village de Grouppières, où de quatre-vingts maisons il n'en resta que sept.

Alors M. de Julien écrivit au roi pour lui faire comprendre la gravité de la chose, et lui dire que ce n'étaient plus quelques fanatiques errant dans les montagnes et fuyant devant les dragons qu'ils avaient à combattre, mais bien des compagnies organisées ayant chefs et officiers, et qui en se réunissant pouvaient déjà former une armée de douze à quinze cents hommes. Le roi répondit à cette lettre en envoyant à Nîmes M. le comte de Montrevel, fils du maréchal de Montrevel, cordon bleu, maréchal des camps et armées du roi, lieutenant-général dans la Bresse et dans le Charolais, capitaine de cent hommes d'armes et de ses ordonnances. Ainsi à M. de Broglio, de Julien, de Baville, venait se joindre, pour lutter contre des paysans, des garde-chasses et des bergers, le chef de la maison de Beaune, qui avait déjà à cette époque produit deux cardinaux, trois archevêques, deux évêques, un vice-roi de Naples, divers maréchaux de France et plusieurs gouverneurs en Savoie, en Dauphiné et en Bresse.

Derrière lui arrivèrent, suivant le cours du Rhône, vingt grosses pièces de canon, cinq mille boulets, quatre mille fusils et cinquante milliers de poudre ; tandis que du côté du Roussillon descendaient en Languedoc six cents de ces fusiliers des montagnes qu'on appelait miquelets.

CRIMES CÉLÈBRES.

M. de Montrevel était porteur d'ordres terribles. Louis XIV voulait extirper l'hérésie à quelque prix que ce fût, et procédait à cette œuvre en homme qui y croyait son propre salut attaché ; aussi, à peine M. de Baville eut-il pris connaissance de ces ordres, qu'il publia la proclamation suivante :

« Le roi étant informé que quelques gens sans religion portent des armes, exercent des violences, brûlent des églises et tuent des prêtres, Sa Majesté ordonne à tous ses sujets de courre sus, et que ceux qui seront pris les armes à la main ou parmi les attroupés, soient punis de mort sans aucune formalité de procès ; que leurs maisons soient rasées et leurs biens confisqués ; comme aussi que toutes les maisons où ils ont fait des assemblées soient démolies. Le roi défend aux pères, mères, frères, sœurs et autres parens des fanatiques et autres révoltés de leur donner retraite, vivres, provisions, munitions, ni autres assistances, de quelque nature et sous quelque prétexte que ce soit, ni directement ni indirectement, à peine d'être réputés complices de leur rébellion ; et comme tels il veut et entend que leur procès soit fait et parfait par le sieur de Baville et les officiers qu'il choisira. Sa Majesté ordonne encore aux habitans du Languedoc qui, dans le temps de cette ordonnance, seront hors de leur demeure, d'y retourner dans huit jours, si ce n'est qu'ils eussent une cause légitime, qu'ils déclareront au sieur de Montrevel, ou au sieur Baville, intendant, et cependant aux maires et consuls des lieux, de la raison de leur retardement ; de quoi ils prendront des certificats pour les

MASSACRES DU MIDI.

envoyer auxdits sieurs commandant ou intendant, auxquels Sa Majesté ordonne de ne laisser entrer aucun étran-
ger ni sujet des autres provinces, sous prétexte de commerce et autres affaires, sans un certificat des commandans
ou intendans des provinces d'où ils partiront, ou des juges royaux des lieux de leur départs ou des plus pro-
chains. A l'égard des étrangers, ils prendront des passe-
ports des ambassadeurs ou envoyés du roi dans les pays
d'où ils sont, ou des commandans ou intendans des provinces, ou des juges royaux des lieux où ils se trouveront.
Au surplus, Sa Majesté veut que ceux qui seront pris en
ladite province de Languedoc sans de tels certificats soient
réputés fanatiques et révoltés, et, comme tels, que leur
procès leur soit fait et parfait, et qu'ils soient punis de
mort, auquel effet ils seront menés audit sieur de Baville ou aux officiers qu'il choisira.

» *Signé* : Louis.

» *Et plus bas* : Philippeaux. »

Fait à Versailles, le 25 du mois de février 1703.

M. de Montrevel suivit à la lettre cette ordonnance.
Un jour, c'était le premier avril 1703, comme il
était à dîner, on vint le prévenir que cent cinquante
religionnaires environ s'étaient rassemblés dans un moulin du faubourg des Carmes pour chanter leurs psaumes.
Quoiqu'on lui eût dit en même temps que cette troupe
de fanatiques ne se composait que de vieillards et d'enfans, M. le maréchal ne se leva pas moins furieux de

CRIMES CÉLÈBRES.

table, et, faisant sonner le boute-selle, marcha avec ses dragons vers le moulin, qu'il investit de tout côté, avant même que les religionnaires eussent su qu'ils devaient être attaqués. Il n'y eut pas combat, car il ne pouvait y avoir résistance, il y eut simplement massacre : une partie des dragons entra le sabre au poing dans le moulin, poignardant tout ce qui se trouvait à sa portée, tandis que le reste de la troupe, placée devant les fenêtres, recevait à la pointe du sabre ceux qui s'en précipitaient. Enfin cette boucherie sembla encore trop longue aux bouchers : pour en finir plus vite, le maréchal, qui ne voulait achever son dîner qu'après l'extermination entière de la troupe, fit mettre le feu au moulin ; alors les dragons, le maréchal toujours à leur tête, se contentèrent de repousser dans les flammes les malheureux à demi brûlés qui ne demandaient plus d'autre faveur que de mourir d'une mort moins cruelle.

Il n'y avait eu qu'une seule victime d'épargnée : la victime était une belle jeune fille de seize ans ; le libérateur était le valet même du maréchal ; tous deux furent condamnés à mort. La jeune fille fut pendue la première, et on allait procéder à l'exécution du valet, lorsque les religieuses de la miséricorde vinrent se jeter aux pieds du maréchal et lui demander sa vie ; le maréchal, après de longues supplications, finit par leur accorder ce qu'elles demandaient ; mais il chassa son valet non seulement de son service, mais encore de Nîmes.

Le même soir, comme il était à souper, on vint lui dire qu'un nouveau rassemblement avait lieu dans un

MASSACRES DU MIDI.

jardin proche du moulin fumant encore. L'infatigable
maréchal se leva aussitôt, prit avec lui ses fidèles dragons, entoura le jardin, et fit prendre et fusiller à l'instant même tous ceux qui s'y trouvaient réunis. Le lendemain, on sut qu'il y avait eu erreur : les fusillés étaient
des catholiques qui s'étaient rassemblés pour fêter l'exécution des religionnaires. Ils avaient bien protesté au
maréchal qu'il se trompait, mais le maréchal n'avait pas
voulu les croire. Cette erreur, au reste, hâtons-nous de
le dire, n'attira au maréchal d'autre désagrément qu'une
remontrance toute paternelle de l'évêque de Nîmes, qui
l'invita à ne point confondre, une autre fois, les brebis
avec les loups.

A ces exécutions, **Cavalier** répondait en prenant le
château de Serras, en s'emparant de la ville de Sauve,
en formant une cavalerie et en venant jusque dans
Nîmes s'approvisionner de la poudre dont il manquait ;
puis, ce qui était plus incroyable que tout cela encore,
aux yeux des courtisans, il écrivait à Louis XIV une
longue lettre datée du Désert, dans les Cévennes, et
signée Cavalier, chef des troupes envoyées de Dieu. Cette
lettre, toute semée de passages tirés de l'Écriture, avait
pour but de prouver au roi que lui et ses compagnons
avaient dû se révolter pour obtenir la liberté de conscience, et s'étendant sur les persécutions dont les protestans avaient été l'objet, il disait que c'étaient ces
traités infâmes qui les avaient forcés de prendre les armes
qu'ils offraient de quitter, si Sa Majesté voulait leur accorder le libre exercice de leur religion et la délivrance

de leurs prisonniers. Alors, et dans ce cas, il assurait le roi qu'il n'aurait jamais de plus fidèles sujets qu'eux, et qu'ils étaient prêts à verser jusqu'à la dernière goutte de leur sang pour son service ; enfin il concluait en disant que si on leur refusait une demande si juste, comme il faut obéir à Dieu avant d'obéir au roi, ils défendraient leur religion jusqu'à la dernière extrémité.

De son côté, Roland, qui, soit par dérision, soit par orgueil, se faisait appeler le comte Roland, ne demeurait en reste de son jeune compagnon ni pour les succès, ni pour la correspondance. Il était entré dans la ville de Ganges, où il avait été merveilleusement reçu par les habitans, et comme il attendait un moins bon accueil de ceux de Saint-Germain et de Saint-André, il leur avait écrit les lettres suivantes :

« Messieurs les officiers des troupes du roi, et vous, messieurs de Saint-Germain, préparez-vous à recevoir sept cents hommes qui doivent venir mettre le feu à la Babylone, au séminaire et à plusieurs autres maisons : celles de M. de Fabrègue, de M. Sarrasin, de M. de Moles, de M. de la Rouvière, de M. de Masse et de M. Solier, seront brûlées. Dieu nous a inspiré par son souffle sacré, mon frère Cavalier et moi, de vous rendre visite dans peu de jours ; fortifiez-vous donc tant qu'il vous plaira dans vos barricades, vous n'aurez pas la victoire sur les enfans de Dieu. Si vous croyez les pouvoir vaincre, vous n'avez qu'à venir au champ Domergue, vous, vos soldats, ceux de Saint-Étienne, de Barre et même de Florac ; je vous y appelle ; nous y serons sans

MASSACRES DU MIDI.

manquer. Rendez-vous-y donc, hypocrites, si vous avez du cœur.

» Comte Roland. »

La seconde n'était pas moins violente que la première. La voici :

« Nous comte Roland, général des troupes protestantes de France assemblées dans les Cévennes en Languedoc, ordonnons aux habitans du bourg de Saint-André, de Valborgne, d'avertir comme il faut les prêtres et les missionnaires que nous leur défendons de dire la messe et de prêcher dans ledit lieu, et qu'ils aient à se retirer incessamment ailleurs, sous peine d'être brûlés vifs avec leur église et leurs maisons aussi bien que leurs adhérens, ne leur donnant que trois jours pour exécuter le présent ordre.

» Comte Roland. »

Malheureusement pour la cause du roi, si les rebelles rencontraient quelque résistance dans les villages qui comme ceux de Saint-Germain et de Saint-André étaient en plaine, il n'en était point ainsi de ceux qui étaient situés dans la montagne, et où ils trouvaient, battus, un refuge, victorieux un nouveau secours ; aussi M. de Montrevel, jugeant que, tant que ces villages existeraient, il n'y aurait pas moyen de triompher de l'hérésie, rendit-il l'ordonnance suivante :

« Nous gouverneur pour Sa Majesté très-chrétienne dans les provinces du Languedoc et du Vivarais, faisons

CRIMES CÉLÈBRES.

savoir qu'ayant plu au roi de nous commander de mettre les lieux et les paroisses ci-après nommés hors d'état de fournir ni vivres ni secours aux rebelles attroupés, et de n'y laisser aucun habitant, Sa Majesté voulant néanmoins pourvoir à leur subsistance en leur donnant les ordres de ce qu'ils auront à faire, enjoignons aux habitans desdites paroisses de se rendre incessamment dans les lieux ci-après marqués avec leurs meubles, bestiaux et générale-ment tout ce qu'ils pourront emporter de leurs effets, déclarant que faute de cela leurs effets seront confisqués et pris par les troupes qui seront employées à démolir leurs maisons, défendant à toutes les autres communes de les recevoir sous peine, en cas de désobéissance, du rasement de leurs maisons et de la perte de leurs biens, et, au surplus, d'être traités comme rebelles aux ordres de Sa Majesté. »

A cette ordonnance étaient jointes les instructions sui-vantes :

« 1° Les officiers qui seront employés à la destruc-tion des villages s'informeront d'abord de la situation des paroisses qui devront être détruites et dépeuplées, afin de disperser à propos les troupes, en sorte qu'elles puis-sent protéger les milices qui seront employées à cette des-truction ;

» 2° On devra observer que, s'il se trouvait des villages ou des hameaux assez voisins pour être également pro-tégés, il faudra y faire travailler à la fois, pour avancer l'ouvrage.

» 3° Que s'il se trouve encore dans ces lieux quelques

MASSACRES DU MIDI.

habitans, on les rassemblera pour en faire prendre un état, ainsi que des bestiaux et des grains.

» 4° On chargera le plus apparent de conduire les autres, par les endroits qui leur seront marqués, aux lieux qu'on leur assignera.

» 5° A l'égard des bestiaux, les mêmes gens qui seront chargés de les garder les conduiront au lieu qu'on leur indiquera, à l'exception des mulets et des ânes qu'on rassemblera pour s'en servir au transport des grains, là où il sera ordonné ; néanmoins on permettra de donner des ânes, s'il y en a, aux vieillards et aux femmes grosses hors d'état de marcher.

» 6° On distribuera les milices par ordre pour en employer un certain nombre à détruire les maisons ; on essaira d'abattre celles-ci en les sapant par le pied, ou de telle autre manière qui paraîtra la plus commode ; et si par ce moyen on n'en peut venir à bout, on y mettra le feu.

» 7° On ne devra pour le présent faire aucun tort aux maisons des anciens catholiques, jusqu'à ce que le roi en ait autrement ordonné ; et pour cet effet, on y mettra une garde, après en avoir pris un état qui sera envoyé au maréchal de Montrevel.

» 8° On lira aux habitans des lieux qu'on détruira l'ordonnance qui leur défend de retourner dans leurs habitations ; mais on ne leur fera point de mal, le roi n'ayant pas voulu entendre parler d'effusion de sang ; on se contentera de les renvoyer en les menaçant, et l'on affichera ladite ordonnance à une muraille, ou à un arbre dudit village ;

CRIMES CÉLÈBRES.

» 9° S'il ne se trouvait aucun habitant, on affichera seulement ladite ordonnance dans chaque lieu.

» *Signé* : Maréchal DE MONTREVEL. »

Au-dessous de ces instructions était affichée la nomenclature des villages qui devaient être détruits. Elle était ainsi conçue :

18 dans la paroisse de Frugères,

 5 dans la paroisse de Fressinet–de-Lozère,

 4 dans la paroisse de Grizac,

15 dans celle de Castagnols,

11 dans celle de Vialas,

 6 dans celle de Saint-Julien,

 8 dans celle de Saint-Maurice-de-Vantalon,

14 dans celle de Frezal-de-Vantalon,

 7 dans celle de Saint-Hilaire–de–Laret,

 6 dans celle de Saint-Andiol–de-Clergues,

28 dans celle de Saint–Privat-de-Vallongues,

10 dans celle de Saint-André-de-Lancise,

19 dans celle de Saint-Germain-de-Calberte,

26 dans celle de Saint-Étienne-de-Valfrancesque,

 9 dans celles de Prunet et Montvaillant,

16 dans celle de Florac.

202.

Une seconde liste devait succéder et succéda en effet à cette première : elle comprenait les paroisses de **Frugères**, de Pompidou, de Saint-Martin, de Lansuscle, de Saint-Laurent, de Trèves, de Vebron, de Rounes, de **Barre**, de **Montluzon**, de **Bousquet**, de La Barthe, de

LES BORGIA.

la religion juive, il n'y avait pas de salut, qu'il y était né, qu'il prétendait y vivre et mourir, et qu'il ne connaissait aucune chose au monde qui pût l'amener à un autre avis. Néanmoins, dans sa ferveur convertissante, Jean ne se tenait pas pour battu, et il n'y avait point de jour que, par ces bonnes paroles avec lesquelles le marchand séduit l'acheteur, il ne démontrât la supériorité de la religion chrétienne sur la religion juive ; et quoique Abraham fût un grand maître dans la loi de Moïse, soit à cause de l'amitié qu'il portait à Jean de Civigny, soit que le Saint-Esprit descendît sur la langue du nouvel apôtre, il commença enfin à goûter les prédications du digne marchand, quoique cependant, toujours obstiné dans sa croyance, il n'en voulût décidément pas changer : mais d'autant plus il persistait dans son erreur, d'autant plus Jean s'entêtait à sa conversion; si bien qu'avec l'aide de Dieu, ce dernier ayant fini par l'ébranler à force d'instances, Abraham lui dit un jour :

— Écoute, Jean; puisque tu as tant à cœur que je me convertisse, me voilà disposé à te faire ce plaisir ; mais auparavant je veux aller à Rome voir celui que tu appelles le vicaire de Dieu sur la terre, étudier sa façon de vivre et ses mœurs, ainsi que celles de ses frères les cardinaux ; et si, comme je n'en doute pas, elles sont en harmonie avec la morale que tu me prêches, j'avouerai, comme tu as pris tant de peine à me le démontrer, que ta foi est meilleure que la mienne, et je ferai ce que tu désires ; mais, au contraire, si cela n'est pas, je resterai juif comme je suis; car ce n'est point la peine,

CRIMES CÉLEBRES.

à mon âge, de changer ma croyance contre une plus
mauvaise.

Jean fut fort désolé lorsqu'il entendit ces paroles ; car
il se dit alors tristement à lui-même : — Voilà que j'ai
perdu le temps et la peine que je croyais avoir si bien
employés lorsque j'espérais avoir converti ce malheureux
Abraham; car, s'il a le malheur d'aller comme il le dit,
à la cour de Rome, et d'y voir la vie scélérate qu'y mènent
les gens d'église, au lieu de se faire chrétien, de juif
qu'il est, il se ferait bien plutôt juif s'il était chrétien. —
Alors, se retournant vers Abraham, il lui dit : — Eh !
mon ami, pourquoi veux-tu prendre une si grande fatigue et faire une si grande dépense que d'aller à Rome ?
sans compter que par terre ou par mer, pour un homme
riche comme tu l'es, la route est pleine de dangers.
Crois-tu donc qu'il n'y aura pas bien ici quelqu'un pour
te donner le baptême? et s'il te reste quelques doutes à
l'endroit de la foi que je t'ai démontrée, où trouveras-tu
mieux qu'ici des théologiens capables de les combattre et
de les détruire? C'est pourquoi, vois-tu, ce voyage me
semble tout-à-fait superflu : figure-toi bien que les prélats
sont là-bas ce que tu les as vus ici, et d'autant meilleurs
qu'ils approchent davantage du pasteur suprême. Eh !
donc, si tu en crois mon conseil, tu remettras cette fatigue
pour le moment où, ayant commis quelque gros péché,
tu en voudras avoir l'absolution ; et alors je te ferai compagnie, et nous irons ensemble.

Mais le juif répondit :

— Je crois, mon cher Jean, que toutes choses sont

LES BORGIA.

comme tu me les as dites ; mais tu sais comme je suis
entêté. J'irai donc à Rome, ou je ne me ferai pas chrétien.

Alors Jean, voyant sa volonté, jugea qu'il était inutile de la combattre plus long-temps, et lui souhaita un
bon voyage : seulement il perdit en lui-même tout espoir ;
car il était certain que, si la cour de Rome était encore ce qu'il l'avait vue lui-même, son ami reviendrait
de son pèlerinage plus juif que jamais.

Cependant Abraham monta à cheval, et, du meilleur
train qu'il put, s'achemina vers Rome, où étant enfin
arrivé il fut merveilleusement reçu par ses coréligion-
naires : et là, s'étant arrêté un assez long temps, il commença d'étudier les façons de faire du pape, des cardinaux, des autres prélats et de toute la cour. Mais, à son
grand étonnement, tant par ce qui se passa sous ses yeux
que par ce qu'on lui raconta, il trouva que, depuis le
pape jusqu'au dernier sacristain de Saint-Pierre, tous
commettaient de la manière la plus déshonnête du monde
le péché de la luxure ; et cela sans aucun frein, remords,
ni honte : de sorte que les belles filles et les beaux jeunes
gens avaient pouvoir d'obtenir toutes les grâces et toutes
les faveurs. Et, en outre de cette luxure à laquelle ils s'a-
donnaient si publiquement, il vit qu'ils étaient gour-
mands et buveurs ; et cela à tel point, qu'ils se faisaient
plus esclaves de leur ventre que ne le sont les animaux les
plus gloutons. Et lorsqu'il regarda encore plus avant, il
découvrit qu'ils étaient si avares et si cupides d'argent,
qu'ils vendaient et achetaient à deniers comptant le sang

CRIMES CÉLEBRES.

humain et les choses divines, et cela moins consciencieu-
sement encore qu'on ne faisait à Paris des draps et d'autres marchandises. Ayant donc vu cela et encore beaucoup d'autres choses si honteuses qu'il ne convient pas de
les dire ici, il parut à Abraham, qui était un homme
chaste, sobre et droit, qu'il en avait vu assez : si bien
qu'il se résolut de retourner à Paris; ce qu'il fit avec
la promptitude qui suivait d'ordinaire ses résolutions.
Jean de Civigny lui fit grande fête à son retour, quoiqu'il eût perdu l'espoir de le revoir converti ; aussi lui
laissa-t-il le loisir de se remettre avant de lui parler
de rien, pensant qu'il serait toujours temps pour lui d'apprendre la mauvaise nouvelle à laquelle il s'attendait.
Cependant, après quelques jours de repos, Abraham étant
venu de lui-même faire une visite à son ami, Jean se ha-
sarda à lui demander ce qu'il pensait du saint père, des
cardinaux et des autres gens de la cour pontificale. A ces
mots, le juif s'écria : — Que Dieu les damne tous tant
qu'ils sont! car, si bien que j'aie ouvert les yeux, je n'ai
pu découvrir chez eux aucune sainteté, aucune dévotion,
aucune bonne œuvre; mais, au contraire, la luxure, l'ava-
rice, la gourmandise, la fraude, l'envie, l'orgueil, et pis
encore que tout cela, si toutefois il y a pis : si bien que
toute la machine m'a paru marcher bien plutôt par une
impulsion diabolique que par un mouvement divin. Or,
comme, d'après ce que j'ai vu, ma conviction profonde
est que votre pape, et par conséquent les autres avec lui,
s'emploient de tout leur génie, de tout leur art, de toute
leur sollicitude, à faire disparaître de la surface de la terre

LES BORGIA.

la religion chrétienne, dont ils devraient être la base et
le soutien, et comme, malgré toute la peine et tout le
soin qu'ils se donnent pour arriver à ce but, je vois que
votre religion s'augmente chaque jour, et chaque jour
devient plus brillante et plus pure , il me reste démontré
que le Saint-Esprit lui-même la protége et la défend
comme la seule vraie et comme la plus sainte : c'est pourquoi, autant avant d'aller à Rome tu m'avais trouvé sourd
à tes avis et rebelle à ton désir, autant, depuis que je suis
revenu de cette Sodome, j'ai l'inébranlable résolution de
me faire chrétien. Allons donc de ce pas à l'église, mon
cher Jean ; car je suis tout prêt à me faire baptiser.

Et maintenant il n'y a pas besoin de dire si Jean de
Civigny, qui s'attendait à un refus, fut heureux de ce con-
sentement : aussi, sans aucun retard, il s'achemina avec
son filleul vers Notre-Dame de Paris, où il pria le premier prêtre qu'il rencontra d'administrer le baptême à
son client, ce que celui-ci s'empressa de faire : moyen-
nant quoi, le nouveau converti échangea son nom juif
d'Abraham contre le nom chrétien de Jean : et comme
le néophyte avait, grâce à son voyage à Rome, acquis une
foi profonde, les bonnes qualités qu'il avait déjà s'accru-
rent tellement dans la pratique de notre sainte religion,
qu'après une vie exemplaire , il mourut en odeur de
sainteté.

———————

Ce conte de Boccace répond si admirablement au reproche d'irréligion que pourraient nous faire ceux qui se

CRIMES CÉLÈBRES.

tromperaient à nos intentions, que, ne comptant pas y
faire d'autre réponse, nous n'avons point hésité à le
mettre tout entier sous les yeux de nos lecteurs.

Au reste, n'oublions pas que, si la papauté a eu ses In-
nocent VIII et ses Alexandre VI, qui en sont la honte,
elle a eu aussi ses Pie VII et ses Grégoire XVI, qui en
sont l'honneur.

NOTE.

NOTE.

[1] Le poison des Borgia, disent les auteurs contemporains, était de deux sortes : en poudre et liquide.

Le poison en poudre était une espèce de farine blanche presque impalpable, ayant le goût de sucre, et que l'on nommait *Cantarelle*. On ignorait sa composition.

Quant au poison liquide, il se préparait, à ce qu'on assure, d'une façon assez étrange pour ne la point passer sous silence. Nous rapportons, au reste, ce que nous lisons, et ne prenons rien sur nous, de peur que la science ne nous donne un démenti.

« On faisait avaler à un sanglier une forte dose d'arsenic; puis, au moment où le poison commençait à agir, on pendait l'animal par les pieds; bientôt les convulsions se déclaraient, et une bave mortelle et abondante découlait de sa gueule; c'était cette bave recueillie dans un plat d'argent, et transvasée dans un flacon hermétiquement bouché, qui formait le poison liquide.»

URBAIN GRANDIER

URBAIN GRANDIER.

1634.

Le dimanche 26 novembre 1631, il y avait grande
rumeur dans la petite ville de Loudun, et surtout dans
les rues qui conduisaient de la porte par laquelle on arrivait de l'abbaye de Saint-Jouin de Marnes à l'église de
Saint-Pierre, située sur la place du marché ; cette rumeur était causée par l'attente d'un personnage dont
depuis quelque temps on s'occupait en bien et en mal
à Loudun, avec un acharnement tout provincial ; aussi
était-il facile de reconnaître, aux figures de ceux qui
formaient sur le seuil de chaque porte des clubs impro-
visés, avec quels sentimens divers on allait accueillir celui
qui avait pris soin lui-même d'annoncer pour ce jour-là
son retour à ses amis et à ses ennemis.

Vers les neuf heures, un grand frémissement courut
par toute cette foule, et les mots : *Le voilà ! le voilà !* cir-
culèrent avec une rapidité électrique d'une extrémité à

l'autre des rassemblemens. Alors les uns rentrèrent et
fermèrent leurs portes et leurs fenêtres, comme aux
jours des calamités publiques ; les autres, au contraire,
ouvrirent joyeusement toutes les issues de leurs maisons,
comme pour y donner entrée à la joie ; et au bout de quelques instans un silence profond, commandé par la curio-
sité, succéda au bruit et à la confusion qu'avait occasion-
nés cette nouvelle.

Bientôt, au milieu de ce silence, on vit s'avancer,
une branche de laurier à la main, en signe le triomphe,
un jeune homme de trente-deux à trente-quatre ans,
d'une taille avantageuse et bien proportionnée, à l'air
noble, au visage parfaitement beau, quoique son expres-
sion fût un peu hautaine : il était revêtu de l'habit ec-
clésiastique, et, quoiqu'il eût fait trois lieues à pied
pour rentrer dans la ville, cet habit était d'une élégance
et d'une propreté remarquables. Il traversa ainsi, les yeux
au ciel, et chantant d'une voix mélodieuse des actions
de grâces au Seigneur, d'un pas lent et solennel, toutes
les rues qui conduisaient à l'église du marché de Loudun,
et cela sans adresser un regard, un mot ou un geste, à
personne, quoique toute la foule, se réunissant derrière
lui à mesure qu'il avançait, le suivît chantant avec lui,
et quoique les chanteuses, car cette foule, nous avons
oublié de le dire, se composait presque entièrement de
femmes, fussent les plus jolies filles de la ville de Loudun.

Celui qui était l'objet de tout ce mouvement arriva
ainsi devant le porche de l'église Saint-Pierre. Parvenu
sur la dernière marche, il se mit à genoux, fit à voix

URBAIN GRANDIER.

passe une prière; puis, se relevant, il toucha de sa branche
de laurier les portes de l'église, qui, s'ouvrant aussitôt,
comme par enchantement, laissèrent voir le chœur tendu
et illuminé, comme pour l'une des quatre grandes fêtes de
l'année, et ayant tous ses commensaux, suisses, enfans de
chœur, chantres et bedeaux, à leur place. Alors celui qu'on
attendait traversa la nef, entra dans le chœur, fit une
seconde prière au pied de l'autel, posa sa branche de
laurier sur le tabernacle, revêtit une robe blanche comme
la neige, passa l'étole, et commença devant un auditoire
composé de tous ceux qui l'avaient suivi le saint sacri-
fice de la messe, qu'il termina par un *Te Deum*.

Celui qui venait, pour son propre triomphe à lui, de
rendre à Dieu les mêmes grâces qu'on lui rendait pour les
triomphes du roi, était le prêtre Urbain Grandier, ac-
quitté la surveille, en vertu d'une sentence rendue par
M. d'Escoubleau de Sourdis, archevêque de Bordeaux,
d'une accusation portée contre lui, laquelle accusation
l'avait fait condamner par l'official à jeûner au pain et à
l'eau tous les vendredis, pendant trois mois, et l'avait
interdit *a divinis* dans le diocèse de Poitiers pendant
cinq mois, et dans la ville de Loudun pour toujours.

Voici maintenant à quelle occasion l'accusation avait
été portée et le jugement rendu.

Urbain Grandier était né à Rovère, bourg voisin de
Sablé, petite ville du Bas-Maine; après avoir étudié les
sciences avec son père Pierre et son oncle Claude Grandier, qui s'occupaient d'astrologie et d'alchimie, il était
entré, à l'âge de douze ans, ayant déjà reçu une éducation

CRIMES CÉLÈBRES.

de jeune homme, au collége des Jésuites de Bordeaux,
où ses professeurs, outre ce qu'il savait, remarquèrent
encore en lui une grande aptitude pour les langues et
pour l'éloquence : ils lui firent en conséquence apprendre
à fond le latin et le grec, l'exercèrent dans la prédica-
tion, afin de développer son talent oratoire ; puis, s'é-
tant pris d'une grande amitié pour un élève qui devait
leur faire honneur, ils le pourvurent, aussitôt que son
âge lui permit de remplir les fonctions ecclésiastiques,
de la cure de Saint-Pierre au marché de Loudun, qui
était à leur présentation. Outre cette cure, il fut encore,
grâce à ses protecteurs, pourvu, au bout de quelques mois
d'installation, d'une prébende dans la collégiale de Sainte-
Croix.

On comprend que la réunion de deux bénéfices sur
la tête d'un aussi jeune homme, qui, n'étant pas de la
province, semblait venir usurper les droits et priviléges des gens du pays, produisit une grande sensation
dans la petite ville de Loudun, et exposa le titulaire à
l'envie des autres ecclésiastiques. Au reste, ce sentiment
avait nombre d'excellens motifs pour s'attacher à lui :
Urbain, comme nous l'avons dit, était parfaitement beau ;
l'éducation qu'il avait reçue de son père, en le faisant
pénétrer assez avant dans les sciences, lui avait donné la
clef d'une foule de choses qui restaient des mystères pour
l'ignorance, et qu'il expliquait, lui, avec une facilité extrême. En outre, les études libérales qu'il avait faites au
collége des Jésuites l'avaient mis au-dessus d'une foule
de préjugés sacrés au vulgaire, et pour lesquels il ne dis-

MASSACRES DU MIDI.

où on les enferma ; puis, sans jugement, on les en tira cinq par cinq, et on les massacra, les uns à coups de fusil, les autres à coups de sabre et à coups de hache : tous furent égorgés, hommes, femmes, vieillards. Un pauvre enfant, qui avait reçu trois balles, levait encore la tête en criant : — Hé! où est mon père pour me tirer d'ici !

Quatre hommes et une jeune fille, réfugiés dans le bourg de Lasalle, sous la protection de la loi qui leur accordait ce lieu pour asile, sollicitèrent et obtinrent d'un capitaine du régiment de Soissonnais, nommé Laplace, la permission de se rendre chez eux pour des affaires intéressantes, mais à la condition qu'ils reviendraient le même jour ; ils s'y engagèrent, et dans ce dessein ils étaient déjà arrivés dans une métairie qu'ils avaient prise pour rendez-vous, lorsque malheureusement ils furent surpris par un orage épouvantable. Malgré cet obstacle, les hommes allaient se remettre en route, lorsque la jeune fille les conjura de ne pas repartir que le jour ne fût venu, n'osant point les accompagner par un pareil temps et disant, d'un autre côté, qu'elle mourrait de frayeur si on la laissait seule dans cette métairie. Les quatre hommes eurent honte d'abandonner leur compagne de voyage, qui d'ailleurs était la parente de l'un d'eux ; et se laissant gagner à ses prières, ils restèrent, espérant que l'orage leur serait une excuse, et ne se remirent en route qu'aux premières lueurs du jour ; mais le crime qu'ils avaient commis était déjà connu de Laplace. En conséquence, les ordres étaient donnés, et comme ils rentraient dans le village, ils furent

CRIMES CÉLÈBRES.

arrêtés. Vainement alors veulent-ils justifier leur retard.
Laplace fit lier les quatre hommes, les fit conduire hors
de la ville et les fit fusiller. Quant à la jeune fille, elle
était réservée pour être pendue, et l'exécution devait
avoir lieu le jour même, et cela sur le lieu où gisaient
encore les cadavres de ses quatre malheureux compagnons, lorsque les sœurs régentes, aux mains de qui elle
avait été remise pour qu'elles la préparassent à la mort,
après avoir essayé auprès de Laplace d'obtenir sa grâce
par tous les moyens possibles, la supplient de se déclarer
enceinte. La jeune fille refuse de sauver sa vie par un
mensonge déshonorant ; alors les bonnes religieuses prennent le mensonge sur elles, et vont faire la déclaration au
capitaine, le suppliant, s'il n'a pas pitié de la mère, d'a-
voir au moins pitié de l'enfant et de permettre qu'il
soit sursis à l'exécution jusque après l'accouchement. Le
capitaine, à cet obstacle imprévu et dont il n'est pas la
dupe, ordonne qu'une sage-femme sera appelée et visitera
la jeune fille. Au bout d'une demi-heure, la sage-femme
fait son rapport, et déclare que l'accusée est enceinte.

— C'est bien, dit le capitaine, qu'on les mette toutes
les deux en prison, et si dans trois mois il ne paraît pas de
signe de grossesse, on les pendra toutes les deux. A cette
décision, la peur s'empare de la sage-femme; elle demande
à être conduite devant le capitaine, et là elle avoue que,
séduite par les instances des religieuses, elle a fait un
faux rapport, et que bien loin que la jeune fille soit enceinte, elle a reconnu en elle tous les signes de la vir-
ginité.

MASSACRES DU MIDI.

Sur cette déclaration, la sage-femme est condamnée à être fouettée publiquement, et la jeune fille est conduite au gibet, et pendue au milieu des cadavres des quatre hommes dont elle avait causé la mort : ce double jugement fut exécuté le jour même.

Comme on doit bien le penser, les cadets de la croix placés entre les camisards et les catholiques, ne demeuraient en reste ni avec les uns ni avec les autres : — Une de leurs bandes, dit Labaume, commença de ravager tout ce qui appartenait aux nouveaux convertis depuis Beaucaire jusqu'à Nîmes ; ils tuèrent une femme et deux enfans de la métairie de Campuget, un homme de quatre-vingts ans à celle de M. Detilles, qui est au-dessus de Bouillargues, quelques gens à Cicure, une fille à Caissargues, un jardinier à Nîmes, et quelques autres personnes encore : ils enlevèrent les troupeaux, les meubles et tous les effets de tous les nouveaux convertis qu'ils purent trouver ; ils brûlèrent la métairie de Clairan, celle de Loubes et six autres du côté de Saint-Gilles, celles de la Marine, de Carlot, de Campoget, de Miraman, de la Bergerie, de Larnac du côté de Manduel.

« Ils arrêtaient les voyageurs sur les grands chemins, dit Louvreloeil, et pour connaître s'ils étaient catholiques, ils les contraignaient à dire en latin l'Oraison dominicale, la Salutation angélique, le Symbole de la foi et la Confession générale ; ceux qui ne savaient pas ces prières passaient par le fil de leurs épées. Dans le lieu de Dions on trouva neuf corps morts dont le meurtre leur fut im-

CRIMES CÉLÈBRES.

puté ; et quand on vit pendu à un arbre le berger du sieur de Roussière, ci-devant ministre, on ne manqua point de dire que c'étaient eux qui l'avaient fait mou- rir : enfin, leur cruauté allait si loin qu'une de leurs bandes ayant rencontré sur un chemin M. l'abbé de Saint- Gilles, elle lui demanda un domestique, nouveau con- verti, qu'il avait avec lui, afin de le faire mourir. L'abbé eut beau leur remontrer qu'on ne devait pas faire un tel affront à un homme de sa naissance et de son rang, ils n'en persistèrent pas moins dans la volonté qu'ils avaient de tuer cet homme, si bien que l'abbé fut forcé de le pren- dre entre ses bras et de présenter son corps aux coups qu'ils voulaient porter à son domestique. »

L'auteur des troubles des Cévennes rapporte quelque chose de mieux encore ; c'est un événement qui se passa à Montelus le 22 février 1704. Dans ce lieu, dit-il, il y avait quelques protestans, mais un beaucoup plus grand nombre de catholiques ; ceux-ci, excités par un capucin natif de Bergerac, s'érigèrent en cadets de la croix, et voulurent faire leur apprentissage d'assassins sur leurs compatriotes ; en conséquence étant entrés chez Jean Barnoin, ils lui coupèrent d'abord les oreilles et les par- ties naturelles ; après quoi ils l'égorgèrent en le saignant comme on fait d'un porc : en sortant de chez ce malheu- reux, ils rencontrèrent dans la rue Jacques Clas, et lui tirèrent un coup de fusil qui lui perça le ventre, les en- trailles en sortirent et traînaient à terre : il les ramassa et rentra chez lui ; sa femme qui était près d'accoucher et ses deux petits enfans, effrayés de ce spectacle, s'empres-

MASSACRES DU MIDI

saient de le secourir, lorsque les meurtriers parurent au
seuil de la porte ; alors au lieu de se laisser fléchir aux
cris et aux larmes de cette malheureuse femme et de ses
pauvres enfans, ils achevèrent le blessé ; et comme la
femme voulait défendre son mari, ils lui brûlèrent la cer-
velle d'un coup de pistolet ; alors ils s'aperçurent de sa
grossesse, et que l'enfant, qui avait déjà huit mois de
gestation, tressaillait dans le sein de la mère : alors ils
ouvrirent le ventre de cette femme, en tirèrent l'enfant,
et ayant versé à sa place un picotin d'avoine ils firent
manger un cheval qui était attaché à la porte, dans ce
râtelier sanglant ; une voisine nommée Marie Silliot, qui
voulait porter du secours aux enfans, fut massacrée ; mais
au moins les meurtriers se contentèrent de sa mort et ne
poursuivirent pas leur vengeance au-delà. Étant alors
sortis dans la campagne, ils rencontrèrent Pierre et Jean
Bernard, l'oncle et le neveu, l'un âgé de dix ans, l'autre
de quarante-cinq ; s'étant emparés aussitôt de tous deux,
ils mirent entre les mains de l'enfant un pistolet qu'ils le
forcèrent de décharger sur son oncle ; sur ces entrefaites,
le père arriva, et on voulut le forcer de tirer sur son fils ;
mais comme aucune menace ne put le contraindre, et que
la scène tirait en longueur, on finit tout simplement par
les tuer tous deux, l'un à coups de sabre, l'autre à coups
de baïonnette.

Au reste, ce qui leur avait fait activer cette dernière
exécution, c'est qu'ils avaient aperçu se dirigeant vers
un bois de mûriers où elles allaient nourrir des vers à
soie, trois jeunes filles de Bagnols ; ils les y suivirent, et

les y ayant rejointes d'autant plus facilement que, comme
il était grand jour, elles n'avaient aucune crainte, ils les
violèrent, leur lièrent les mains ; puis, les attachant à
deux arbres, la tête en bas et les jambes écartées, ils
leur ouvrirent le ventre, et y introduisant leurs poires à
poudre, ils les écartelèrent en y mettant le feu.

Ceci se passait sous le règne de Louis le Grand et
pour la plus merveilleuse gloire de la religion catholique.

Au reste, l'histoire a conservé les noms de ces cinq brigands ; c'étaient Pierre Vigneau, Antoine Rey, Jean
d'Hugon, Guillaume et Gontanille.

Ces assassinats, dont nous ne rapportons que quelques-uns, inspirèrent une telle horreur à tout ce qui res-
tait d'hommes que le fanatisme ou la vengeance n'a-
vait point rendus insensés, que sans en avoir aucun moyen
sans savoir encore comment il s'y prendrait, un gentilhomme protestant, nommé le baron d'Aygaliers, dévoua
sa vie à la pacification des Cévennes. La première chose
qu'il comprit, c'est que si les camisards étaient détruits,
par l'entremise des troupes catholiques et par les conseils
et la coopération de Baville, de Julien et de Montrevel,
on ne manquerait pas de regarder ensuite les protestans
qui n'auraient pas pris les armes, et particulièrement les
gentilshommes, comme des lâches que la seule crainte
de la persécution ou de la mort avait empêchés de favoriser ouvertement les camisards. Il pensa donc que c'é-
tait aux religionnaires eux-mêmes à terminer cette affaire, convaincu que c'était pour eux le seul moyen de
se rendre agréables au roi, et de faire connaître à sa ma-

MASSACRES DU MIDI.

jesté la fausseté des soupçons que le clergé catholique avait fait naître contre eux.

Ce projet présentait des deux côtés des difficultés presque insurmontables, surtout pour le baron d'Aygaliers, qui ne pouvait y parvenir qu'en persuadant au roi de se relâcher de ses mesures de rigueur, et aux camisards de se soumettre; or le baron d'Aygaliers n'avait aucun accès à la cour, et ne connaissait pas personnellement un seul chef des révoltés.

Le premier empêchement qui barrait les bonnes intentions du baron, est qu'il lui fallait tout d'abord un passeport pour se rendre à Paris, et qu'il était certain, à cause de son titre même de protestant, de ne l'obtenir ni de M. de Baville, ni de M. de Montrevel : une circonstance fortuite le tira d'embarras et le fortifia dans sa résolution, car il crut voir dans cette circonstance une aide du ciel.

Le baron d'Aygaliers se trouvait un jour chez un ami commun avec M. de Paratte, brigadier des armées du roi, et depuis maréchal de camp, lequel en ce temps-là commandait à Uzès : ce dernier était d'un caractère fort vif, et si zélé pour le bien de la religion catholique et le service du roi Louis XIV, qu'il ne put se trouver devant un protestant sans s'emporter contre ceux qui avaient pris les armes contre leur prince, et ceux-là mêmes qui, sans les porter, favorisaient les rebelles de leurs vœux : M. d'Aygaliers comprit que l'allusion lui était personnelle, et résolut d'en tirer parti. En effet, le lendemain il alla trouver M. de Paratte, et au lieu de lui demander rai-

CRIMES CÉLÈBRES.

son, comme celui-ci s'y attendait, de ce qu'il avait dit la
veille de désobligeant contre lui, il lui dit qu'il lui était fort
obligé de son discours, et que ce discours l'avait touché
à un tel point, qu'il était résolu de témoigner son zèle et
sa fidélité à son souverain en allant solliciter lui-même
un emploi à la cour : enchanté de la conversion qu'il avait
faite, de Paratte sauta au cou de d'Aygaliers ; lui donna,
dit l'histoire, sa bénédiction avec tous les vœux qu'un
père peut faire pour son fils, et avec sa bénédiction un
passeport ; c'était là surtout ce que désirait d'Aygaliers :
muni du bienheureux sauf-conduit, il partit pour Paris
sans avoir communiqué son projet à personne, pas même
à la baronne d'Aygaliers, sa mère.

Arrivé à Paris, d'Aygaliers descendit chez un de ses
amis et y dressa son projet, il était très-court et très-
clair, le voici :

« A l'honneur d'exposer bien humblement à sa majesté,
le soussigné :

» Que la rigueur et la persécution dont plusieurs prêtres avaient usé dans leurs villages avaient fait prendre
les armes à quelques habitans de la campagne, et que
les soupçons qu'on avait témoignés aux nouveaux convertis en avaient obligés un grand nombre de se joindre
aux révoltés ; extrémité, au reste, à laquelle ils s'étaient
portés, pour éviter la prison et les enlèvemens, remèdes
employés pour les retenir dans leur devoir ; qu'ainsi, pour
combattre ce mal par le contraire de ce qui l'avait produit et de ce qui l'entretenait, il croyait que le meilleur
moyen dont on pût se servir était d'arrêter la persécu-

MASSACRES DU MIDI.

tion et de rendre au peuple la confiance qu'on lui avait ôtée, en permettant à tel nombre de gens de la religion que l'on jugerait à propos, de s'armer, pour aller faire connaître aux rebelles que bien loin de les favoriser, les prostestans voulaient ou les ramener par leur exemple, ou les combattre pour faire voir au roi et à toute la France, au péril de leur vie, qu'ils désapprouvaient la conduite de leurs coreligionnaires, et que les prêtres en avaient imposé en écrivant à la cour que les gens de la religion favorisaient la révolte. »

D'Aygaliers espérait que la cour adopterait ce projet, car de son exécution devait résulter, de deux choses, l'une : ou les camisards refuseraient d'accepter les propositions faites, et par ce refus ils se rendraient odieux à leurs frères, attendu que d'Aygaliers ne comptait employer avec lui, pour les engager à cela, que des gens de leur religion très-approuvés parmi eux, et qui naturellement, s'ils refusaient de se soumettre, se tourneraient franchement contre eux ; ou ils mettraient bas les armes, et par leur soumission ramèneraient la paix dans le midi de la France, obtiendraient la liberté du culte, tireraient leurs frères des prisons et des galères, et viendraient en aide au roi dans sa guerre contre les puissances alliées, en lui offrant un corps considérable de troupes à employer, du jour au lendemain, contre ses ennemis : premièrement les troupes qui servaient contre les camisards, et secondement les camisards eux-mêmes, dont on pourrait se servir, en leur donnant des officiers supérieurs.

v.   14

CRIMES CÉLÈBRES.

Ce projet était si clair et promettait de si utiles résul-
tats, que quelle que fût la prévention que l'on eût contre
ceux de sa religion, le baron d'Aygaliers trouva dans le
duc de Chevreuse et le duc de Montfort son fils, un appui
à la fois intelligent et réel : ces deux seigneurs le mirent en
relation avec Chamillard, qui le présenta au maréchal de
Villars, auquel il remit son projet en le priant de le faire
parvenir au roi ; mais M. de Villars qui connaissait l'en-
têtement de Louis XIV, lequel, comme le dit le baron de
Peken, ne voyait à l'endroit des réformés qu'à travers
les lunettes de Mme de Maintenon, dit à d'Aygaliers de se
bien garder de faire connaître en rien ses idées de pacification s'il ne voulait pas les voir échouer ; mais, au contraire, d'aller l'attendre, lui, M. de Villars, à Lyon où il
ne tarderait pas à passer, pour aller remplacer dans le
gouvernement du Languedoc, M. de Montrevel, dont le
roi était mécontent et qu'il devait rappeler sous peu
de jours. D'Aygaliers, dans les trois entretiens qu'il avait
eus avec M. de Villars, avait vu en lui un homme capable
de le comprendre ; il se fia donc entièrement à la connaissance que ce seigneur avait de l'esprit du roi, et quit-
tant aussitôt Paris, il alla l'attendre à Lyon.

Ce qui avait déterminé le rappel de M. de Montrevel
était un nouvel exploit de Cavalier : M. de Montrevel
venait d'arriver à Uzès lorsqu'il apprit que le jeune Cévenol était avec sa troupe du côté de Sainte-Chatte ; il
détacha aussitôt après lui M. de la Jonquière avec six
cents hommes d'élite de la marine et quelques compagnies de dragons du régiment de Saint-Sernin : mais une

MASSACRES DU MIDI

demi-heure après, jugeant par réflexion que ces forces
n'étaient point encore suffisantes, il ordonna à M. de
Foix, lieutenant-colonel des dragons de Fimarçon, de
rejoindre M. de la Jonquière avec cent soldats de son
régiment, de rester avec lui si la chose était nécessaire, ou
sinon, de revenir à Uzès avant la nuit.

M. de Foix fit aussitôt sonner le boute-selle, choisit
cent hommes parmi les plus braves, se mit à leur tête,
rejoignit M. de la Jonquière à Sainte-Chatte et lui exposa
son ordre; mais celui-ci confiant dans le courage de ses
soldats, et ne voulant partager avec personne la gloire
d'une victoire qu'il croyait assurée, non seulement remercia M. de Foix, mais le conjura de retourner à Uzès,
lui assurant qu'il avait assez de troupes pour combattre
et vaincre les camisards partout où il les rencontrerait;
que par conséquent les cent dragons qu'il lui amenait
lui seraient fort inutiles, tandis qu'ils pourraient être, au
contraire, fort nécessaires ailleurs : M. de Foix ne crut
donc pas devoir insister davantage et revint à Uzès, tandis que M. de la Jonquière, continuant sa route, allait
coucher à Moussac. Cavalier en sortait avec sa troupe par
une porte, tandis que M. de la Jonquière y entrait avec
la sienne par l'autre. Les vœux du jeune chef catholique
étaient donc exaucés; car selon toute probabilité il re-
joindrait son ennemi dans la journée du lendemain.

Comme le village se composait en grande partie de
nouveaux convertis, la nuit, au lieu d'être employée au
repos, fut consacrée au pillage.

Le lendemain les catholiques se remirent en route et

CRIMES CÉLÈBRES.

gagnèrent d'abord Moussac, qu'ils trouvèrent désert et
abandonné; de là ils allèrent à Lascours-de-Cravier,
petit village dépendant de la baronnie de Boucairan, que
M. de la Jonquière abandonna au pillage et où il fit fusiller quatre protestans, un homme, une femme et deux
filles; puis, il se remit en route, et comme il avait plu
il découvrit bientôt les traces des camisards, de sorte qu'à
compter de ce moment il put suivre à la piste le terrible
gibier qu'il poursuivait. Il y avait trois heures à peu près
qu'il était occupé de cette besogne, marchant en tête de
ses soldats, de peur que tout autre, moins ardent que lui
à la poursuite des camisards, ne commît quelque erreur,
lorsqu'en levant les yeux il les aperçut sur une petite
hauteur nommée les Devois-de-Martignargues. C'était
en effet là qu'ils l'attendaient de pied ferme, bien résolus
à accepter le combat qu'il venait leur offrir.

Aussi, de son côté, Cavalier, dès qu'il vit les troupes
royales s'avancer, ordonna-t-il à tous ses hommes de se
mettre en prières comme c'était sa coutume, puis, sa prière
finie, il fit sur le terrain qu'il avait choisi, avec son habileté ordinaire, ses dispositions pour le combat. Elles con-
sistaient à se poster, lui de sa personne avec le gros de sa
troupe, de l'autre côté d'une ravine, qu'il plaça comme un
fossé entre lui et les troupes royales; puis, il fit prendre un
grand détour à une trentaine de cavaliers, qui vinrent se
cacher, à deux cents pas en avant de lui, dans un petit bois
qui s'étendait à sa gauche; enfin il envoya à sa droite et
à la même hauteur à peu près, soixante hommes de pied
choisis parmi ses meilleurs tireurs et auxquels il recom-

MASSACRES DU MIDI.

manda de ne faire feu que lorsqu'ils verraient les troupes
royales bien engagées avec lui.

Arrivé à une certaine distance, M. de la Jonquière
s'arrêta et envoya en avant pour examiner l'ennemi, un
de ses lieutenans, nommé de Saint-Chatte ; celui-ci prit
avec lui douze dragons, et poussa une reconnaissance jusqu'au delà des embuscades, qui ne donnèrent aucun
signe d'existence, laissant l'officier faire en toute tranquillité ses observations ; mais de Saint-Chatte était un
vieux soldat de fortune qui ne se laissait pas prendre aux
apparences : aussi en revenant auprès de M. de la Jonquière et en lui exposant le plan du terrain qu'avait choisi
Cavalier et sa troupe, il ajouta qu'il serait fort étonné si
le jeune chef camisard n'avait pas utilisé, pour y placer
quelque embuscade, le petit bois qu'il avait à sa gauche
et le mouvement de terrain qu'il avait à sa droite ; mais
M. de la Jonquière répondit que l'important était de savoir où se trouvait le corps principal, afin de marcher
droit à lui ; Saint-Chatte lui répondit que le corps principal était celui qu'il avait devant les yeux, et qu'il y
avait d'autant moins de doute à avoir sur ce sujet, qu'il
s'était approché assez près de lui pour reconnaître au
premier rang Cavalier lui-même.

C'était tout ce que voulait M. de la Jonquière : aussi,
se mettant à la tête de ses hommes, marcha-t-il droit au
ravin derrière lequel Cavalier et ses camisards étaient
rangés en bataille. Arrivé à une portée de pistolet, M. de
la Jonquière ordonna de faire feu ; mais il était si près
que Cavalier entendit le commandement ; et sur un signe

CRIMES CÉLÈBRES.

aussi rapide que la pensée, en voyant le mouvement que faisaient les troupes royales pour mettre en joue, se coucha ventre à terre lui et ses hommes; de sorte que les balles passèrent au-dessus des camisards sans en toucher un seul : de son côté, M. de la Jonquière croyait déjà les avoir, au contraire, tous tués, lorsque Cavalier et ses camisards se relevèrent en tenant un psaume, et se précipitèrent sur les troupes royales, qu'ils fusillèrent à dix pas, et qu'ils attaquèrent aussitôt à la baïonnette : en même temps les soixante hommes embusqués firent feu à leur tour, tandis que les trente cavaliers chargeaient avec de grands cris : à ce bruit et à la vue de la mort qui les frappait de trois côtés, les troupes royales se crurent enveloppées et n'essayèrent pas même de tenir, les soldats jetèrent leurs armes et lâchèrent pied, les chefs seuls opposèrent une résistance désespérée avec quelques dragons qu'ils étaient parvenus à rallier.

Cavalier parcourait le champ de bataille, achevant de sabrer quelques fuyards, lorsqu'il aperçut un groupe composé de dix officiers de la marine, qui, s'étant adossés et serrés les uns contre les autres, faisaient de tous côtés, l'esponton à la main, face aux camisards qui les entouraient : il piqua droit à eux, et faisait ouvrir les rangs de ses soldats, il s'avança vers les officiers jusqu'à la distance de quinze pas quoiqu'ils le missent en joue, et levant la main en signe qu'il voulait parler : —Messieurs, leur dit-il, rendez-vous, il y aura bon quartier; j'ai mon père prisonnier à Nîmes; eh bien, en échange de la vie que je vous donne à tous les dix, vous demanderez sa liberté.

MASSACRES DU MIDI.

— Pour toute réponse, un des officiers lui tira un coup de carabine qui blessa son cheval à la tête ; alors Cavalier prit un pistolet, visa à son tour l'officier et le tua ; puis s'adressant de nouveau aux officiers : — Messieurs, leur dit-il, êtes-vous aussi difficiles que votre camarade, ou bien acceptez-vous la vie que je vous offre? — Un second coup de carabine partit qui lui effleura l'épaule ; Cavalier vit bien qu'il n'en aurait pas d'autre réponse, et se retournant vers ses soldats : — C'est bien, faites, — dit-il, et il s'éloigna pour ne pas assister à ce massacre : les neuf officiers furent fusillés.

M. de la Jonquière, blessé légèrement à la joue, abandonna son cheval afin d'escalader une muraille, et sautant ensuite sur celui d'un dragon qu'il démonta, il traversa le Gardon à la nage, laissant sur le champ de bataille vingt-cinq officiers et six cents soldats. Cette défaite était doublement fatale au parti du roi, d'abord en ce qu'elle le privait de l'élite de ses officiers, les morts étant presque tous des jeunes gens de noblesse, et ensuite parce qu'elle fournit aux camisards non seulement un grand nombre de fusils, d'épées et de baïonnettes dont ils manquaient, mais encore plus de quatre-vingts chevaux, à l'aide desquels Cavalier se compléta un magnifique corps de cavalerie.

Le rappel du maréchal de Montrevel suivit de près cette défaite, et M. de Villars, comme il l'avait espéré, fut nommé pour le remplacer ; mais avant de quitter son gouvernement, M. de Montrevel résolut d'effacer, par une action d'éclat qui lui fût personnelle, l'échec qu'avait

CRIMES CÉLÈBRES.

éprouvé son lieutenant, et dont, selon les règles ordinaires de la guerre, on lui faisait porter la peine : en conséquence, il résolut d'attirer les camisards, par de faux bruits et de fausses démarches, dans quelque piége où ils seraient pris à leur tour. La chose, au reste, était d'autant moins difficile, que la dernière victoire de Cavalier lui avait donné une grande confiance en lui-même et dans la troupe qu'il commandait.

En effet, depuis l'affaire de la marine, la troupe de Cavalier grossissait à vue d'œil, car chacun demandait à servir sous un si brave chef, si bien qu'elle montait à plus de mille hommes d'infanterie et de deux cents hommes de cheval ; elle avait en outre, comme une troupe régulière, un trompette pour la cavalerie, et pour l'infanterie, huit tambours et un fifre.

Le maréchal avait pensé que son départ serait pour Cavalier le signal de quelque expédition dans la plaine : voulant donc lui inspirer toute confiance, il avait depuis trois jours annoncé qu'il partait pour Montpellier, et avait fait filer sur cette ville une partie de ses équipages : en effet, le 15 avril au matin, il apprit que Cavalier, trompé par le bruit répandu à dessein par le maréchal, qu'il partait, le 16, devait venir coucher à Caveyrac, petite ville située à une lieue de Nîmes, afin de descendre de là dans la Vaunage ; ces avis étaient donnés à M. de Montrevel par un curé nommé Verrien, qui avait à sa solde des espions vigilans et fidèles, et dans lequel par conséquent il pouvait avoir toute confiance. Il donna donc ordre à M. de Grandval, commandant de Lunel, de partir le lendemain

MASSACRES DU MIDI.

à la pointe du jour avec le régiment de Charolais et cinq compagnies de dragons de Fimarçon et de Saint-Sernin, pour se rendre sur les côteaux de Boissières, où il recevrait ses instructions, et à Sandricourt, gouverneur de la ville de Nîmes, de tirer de la garnison tout ce qu'il pourrait de troupes, tant Suisses que dragons, et de les envoyer pendant la nuit du côté de Saint-Côme et de Clarensac; enfin lui-même partit comme il avait dit qu'il le ferait, mais au lieu de gagner Montpellier, il s'arrêta à Sommières, d'où il était à même de surveiller tous les mouvemens de Cavalier.

Celui-ci, comme l'avis en avait été donné à M. de Montrevel, vint coucher le 15 à Caveyrac. Ce jour-là, Cavalier était magnifique : car à ce moment il était arrivé au plus haut degré de sa puissance. Il entra dans la ville tambours battant, enseignes déployées, monté sur le cheval de M. de la Jonquière, qui était un cheval de prix, ayant près de lui son jeune frère, âgé de dix ans, qui lui servait de page, précédé de douze gardes habillés de rouge, et suivi de quatre laquais; car, de même que son collègue Roland avait pris le titre de comte Roland, il avait pris, lui, le titre de duc des Cévennes.

A son approche, la garnison, commandée par M. de Maillan, se jeta partie dans le château, partie dans l'église; mais comme Cavalier songeait moins à l'inquiéter qu'à donner des rafraîchissemens et du repos à ses soldats, il les logea chez les habitans, plaça en avant de l'église et de la forteresse quelques sentinelles qui toute la nuit échangèrent des coups de fusil avec les troupes

v.   15

CRIMES CÉLÈBRES.

royales; et le lendemain matin, après avoir démoli les
murs qui servaient de fortifications, il sortit du bourg,
tambours battant et enseignes déployées, et à quarante
pas de là, il fit faire, presque en vue de Nîmes, des évo
lutions militaires à sa troupe, qui n'avait jamais été si
brillante ni si nombreuse ; puis il dirigea sa marche du
côté de Nages.

M. de Montrevel ayant reçu, vers les neuf heures du
matin, avis du chemin qu'il avait pris, partit aussitôt de
Sommières, suivi de six compagnies de dragons de Fimarçon, d'une compagnie franche de cent Irlandais, de
trois cents hommes du régiment de Hainaut et de trois
compagnies des régimens de Soissonnais, Charolais et
Menon; ce qui formait un corps de plus de neuf cents
hommes. Il se dirigea sur les côtes de la Vaunage, au-
dessus de Clarensac; mais tout-à-coup ayant entendu la
fusillade pétiller derrière lui, il se replia du côté de
Langlade.

C'est qu'en effet Grandval était déjà aux prises avec
les camisards; ceux-ci, en partant de Caveyrac, s'étaient
retirés dans un enfoncement, entre Boissière et le moulin
à vent de Langlade, pour y prendre quelque repos. Les
fantassins s'étaient donc couchés près de leurs armes, et
les cavaliers aux pieds de leurs chevaux, dont ils avaient
la bride passée au bras. Cavalier lui-même, l'infatigable
Cavalier, écrasé par la fatigue des jours précédens, s'était
endormi, ayant près de lui son jeune frère qui veillait,
quand tout-à-coup il se sentit secouer par le bras, et en
se réveillant il entendit crier de tous côtés :—Tue! tue, et

MASSACRES DU MIDI.

aux armes! aux armes! — C'était Grandval et sa troupe
qui, en allant à la découverte des camisards, étaient tout-
à-coup tombés sur eux.

L'infanterie se leva, la cavalerie se mit en selle, Cavalier sauta sur son cheval, et tirant son épée, mena,
comme c'était son habitude, ses soldats tête baissée sur
les dragons; ceux-ci, comme c'était leur habitude aussi,
prirent la fuite, laissant une douzaine de morts sur le
champ de bataille. La cavalerie camisarde s'abandonna
aussitôt à la poursuite des fuyards, laissant bien loin derrière elle son infanterie et son chef qui ne pouvait la
suivre, son cheval ayant reçu une balle au travers du
cou.

Au bout d'une heure de course, pendant laquelle
quelques dragons sabrés par les vainqueurs tombèrent encore sur la route, on arriva entre Boissière et Vergèse;
mais là, la cavalerie camisarde se trouva en face du régiment de Charolais qui l'attendait rangé en bataille, et
derrière lequel allèrent se reformer les dragons. Emportée
par sa course, elle arriva jusqu'à cent pas de lui, fit sa dé-
charge, qui lui tua quelques hommes, et se mit en retraite. A un tiers de retour du chemin qu'elle avait par-
couru, elle fut rejointe par son chef qui s'était remonté,
grâce à un cheval de dragon qu'il avait retrouvé sur la
route près de son maître mort. Il arrivait au grand galop
rallier sa cavalerie à son infanterie, car on commençait
à apercevoir les troupes du maréchal qui, ainsi que nous
l'avons dit, accouraient au bruit de la fusillade; aussi à
peine Cavalier eut-il réuni ses soldats, qu'il comprit que

la retraite lui était fermée; il avait les troupes royales en tête et en queue.

Alors le jeune chef vit qu'il lui fallait faire une pointe à droite ou à gauche, et comme ce pays lui était moins connu que celui des hautes Cévennes, il s'adressa à un paysan qui lui indiqua le chemin de Soudorgues à Nages comme la seule voie par laquelle il pût s'échapper. Cavalier n'avait pas le temps d'examiner si le paysan était traître ou fidèle; il résolut de donner quelque chose à sa fortune, il suivit la route qui lui était indiquée. Mais quelques pas en avant de l'endroit où le chemin de Soudorgues à Nages se joint à celui de Nîmes, il trouva le passage barré par un corps des troupes du maréchal commandé par Menon; cependant comme ce corps n'était qu'en nombre égal à peu près à celui des camisards, ceux-ci ne s'arrêtèrent pas à chercher une autre voie, et donnant tête baissée sur eux, ils leur passèrent sur le ventre et continuèrent leur route vers Nages pour gagner la plaine de Calvisson. Mais le village, les avenues, les issues, tout est occupé par un nouveau corps de troupes royales; en même temps, Grandval et le maréchal se rapprochent, Menon rallie sa troupe et la ramène. Cavalier se trouve enveloppé de tous côtés; il jette les yeux circulairement autour de lui; ses ennemis sont cinq contre un.

Alors Cavalier se hausse sur ses arçons de manière à ce que sa tête domine toutes les têtes, et d'une voix assez forte pour être entendue de ses soldats, et même de l'ennemi : — Enfans, dit-il, nous sommes pris et roués vifs si nous manquons de cœur. Nous n'avons donc plus qu'un

MASSACRES DU MIDI.

moyen de salut; il faut se faire jour et passer sur le
ventre à ces gens-là. Suivez-moi et serrez-vous. —

A peine ces mots sont-ils prononcés, qu'il s'élance le
premier sur le groupe le plus près de lui, suivi par
toute sa troupe , qui ne forme plus qu'une masse, autour
de laquelle arrivent en se pressant les trois corps de l'armée royale. Alors on s'attaque corps à corps; on n'a plus
d'espace pour charger et tirer ; on se hache à coups de
sabre , on se poignarde à coups de baïonnette ; royaux et
camisards se prennent à la gorge et aux cheveux. Cette
lutte de démons dure une heure, pendant laquelle Cavalier perd cinq cents hommes et en tue le double à l'ennemi. Enfin il se fait jour à la tête de deux cents hommes
à peu près, s'élance avec eux par la trouée qu'il a faite,
respire un instant; puis, se voyant comme au milieu d'un
vaste cirque et tout entouré de soldats, il se dirige vers
un pont qui lui paraît le point le plus faible, et qui n'est
gardé que par une centaine de dragons.

Alors il divise sa troupe en deux pelotons, l'un avec
Ravanel et Catinat forcera le pont, à la tête de l'autre
il soutiendra la retraite. Il se retourne donc, s'accule
comme un sanglier, et fait tête à l'ennemi.

Tout-à-coup il entend de grands cris derrière lui, le
pont est forcé ; mais, au lieu de le garder pour ménager
le passage de leur chef, les camisards se dispersent dans
la plaine, et fuient. Alors un enfant se jette au-devant
d'eux, et les arrête, le pistolet à la main.

C'est le jeune frère de Cavalier : monté sur un de ces
petits chevaux sauvages de la Camargue, reste de cette

CRIMES CÉLÈBRES.

race arabe semée par les Maures d'Espagne dans le Languedoc : armé d'un sabre et d'une carabine proportionnés
à sa taille, l'enfant arrête des hommes qui fuient. — Où
allez-vous? leur crie-t-il ; au lieu de fuir comme des lâches, bordez la rivière , maintenez l'ennemi et favorisez
la retraite de mon frère.

Honteux d'avoir mérité de pareils reproches, les camisards s'arrêtent, se rallient, bordent la rivière, et par un
feu soutenu protégent la retraite de Cavalier, qui gagne
le pont et le traverse sans avoir reçu une seule blessure,
quoique son cheval soit criblé de coups, et qu'il ait été forcé
de changer trois fois de sabre.

Alors le combat continue ; mais Cavalier opère insen-
siblement sa retraite : une plaine entrecoupée de fossés,
la nuit qui approche, un bois voisin qui lui offre un couvert, tout commence à le favoriser ; néanmoins son arrière-
garde , toujours harcelée, couvre de morts le terrain
qu'elle parcourt ; enfin l'obscurité enveloppe vainqueurs
et vaincus ; on s'est battu dix heures ; Cavalier a perdu
plus de cinq cents hommes, et les royaux près de mille.

« Cavalier, dit M. de Villars dans ses Mémoires, agit
pendant cette journée d'une manière qui surprit tout le
monde : car qui n'eût été surpris de voir un homme de
rien, sans expérience dans l'art de la guerre, se com-
porter dans les circonstances les plus épineuses et les plus
délicates comme l'aurait pu faire un grand général? Un
dragon le suivait toujours. Cavalier lui tira un coup de
carabine qui tua son cheval. Le dragon, de son côté, lui
tira un coup de fusil et le manqua ; enfin, Cavalier ayant

MASSACRES DU MIDI.

eu deux chevaux tués sous lui, l'un au commencement
de l'action, l'autre à la fin, se tira d'affaire en prenant,
la première fois, le cheval d'un dragon, et la seconde fois,
celui d'un de ses hommes, qu'il mit à pied. »

M. de Montrevel, de son côté, s'était conduit en brave
capitaine, se trouvant partout où il y avait danger et ani-
mant ses soldats et ses officiers par son exemple ; un
capitaine irlandais avait été tué à ses côtés, un autre blessé
à mort, et un troisième atteint légèrement. Grandval,
de son côté, avait fait merveilles, et un cheval qu'il eut
tué sous lui fut remplacé par un autre d'une grande valeur que lui donna M. de Montrevel, pour poursuivre les
camisards. M. de Montrevel céda alors la place à M. de
Villars, en faisant dire à **Cavalier**, — que c'était ainsi qu'il
prenait congé de ses amis.

Cependant, ce combat, tout honorable qu'il était pour
Cavalier, en ce qu'il força ses ennemis eux-mêmes à le
considérer comme un homme de guerre, n'avait pas moins
anéanti la plus belle partie de ses espérances. Il s'était
arrêté du côté de Pierredon pour y réunir les débris de sa
troupe, et là, véritablement, il ne fut rejoint que par des
débris. La plupart de ses gens revenaient sans armes ; car
ils les avaient jetées pour fuir plus facilement ; un grand
nombre étaient hors de service par les blessures reçues ;
enfin presque toute la cavalerie était exterminée, ou avait
abandonné ses chevaux pour franchir de larges fossés, qui
dans sa fuite la mettaient à couvert de la poursuite des
dragons.

Cependant **toutes les troupes royales étaient en mou-**

CRIMES CÉLÈBRES.

vement, et il était imprudent à Cavalier de demeurer plus long-temps à Pierredon; aussi partit-il pendant la nuit, et ayant traversé le Gardon, alla-t-il se cacher dans les bois d'Hieuzet, où il espérait que n'oseraient le poursuivre ses ennemis. En effet, il y fut deux jours tranquille, et ces deux jours furent un grand repos pour sa troupe, attendu que dans ce bois même était une immense caverne qui depuis long-temps servait aux camisards à la fois de magasin et d'arsenal, et où ils cachaient en conséquence leur blé, leur foin, leurs armes et leur poudre. Cavalier, à ces deux destinations, ajouta celle d'hôpital, et y fit transporter ses blessés, qui purent enfin recevoir quelques secours.

Mais Cavalier fut bientôt forcé de quitter le bois d'Hieuzet, quelque espoir qu'il eût eu de ne pas y être poursuivi; car un jour qu'il revenait de visiter ses blessés dans cette caverne ignorée de tous, il tomba au milieu d'une centaine de miquelets qui avaient pénétré dans le bois, et qui l'eussent fait prisonnier, s'il n'avait sauté avec son adresse et son courage ordinaires, du haut en bas d'un rocher élevé de plus de vingt pieds; les miquelets firent feu sur lui, mais aucune balle ne l'atteignit. Cavalier rejoignit sa troupe, et craignant d'attirer en cet endroit le reste des royaux, il se mit en retraite, afin de les éloigner de cette caverne qu'il était si important pour lui qu'on ne découvrît pas, puisqu'elle contenait toutes ses ressources.

Mais Cavalier était dans un de ces momens où la fortune se lasse et où tout tourne mal. Une femme du village

MASSACRES DU MIDI.

d'Hieuzet, qu'on avait vue quelquefois aller du côté du bois, tantôt avec un panier à la main tantôt avec une corbeille sur la tête, fut soupçonnée d'y aller pour porter des provisions à quelques camisards cachés. Sur ces indices, elle fut arrêtée et conduite devant un chef de royaux nommé Lalande, lequel commença par lui dire qu'il la ferait pendre, si elle ne déclarait sans déguisement le sujet de ses fréquens voyages. Elle eut recours à des prétextes qui la rendirent de plus en plus suspecte ; alors Lalande ne prit plus même la peine de lui demander ce qu'elle allait faire dans ce bois, il l'envoya à la potence; mais la vieille femme y marcha d'un pas résolu, et le général commençait à croire qu'il ne saurait rien par elle, lorsqu'au pied de l'échelle, et lorsqu'il lui fallut en monter les degrés, le courage l'abandonna; elle demanda à être reconduite au général, et sous la promesse de la vie sauve, elle lui déclara tout.

Alors M. de Lalande la mit à la tête d'un fort détachement de miquelets, et la força de marcher devant lui jusqu'à la caverne, que les royaux n'eussent jamais découverte, s'ils n'y eussent été conduits, tant l'entrée en était bien cachée au milieu des roches et des broussailles. La première chose qui se présenta à leur vue fut une trentaine de blessés. Les miquelets se précipitèrent sur eux et les égorgèrent ; puis cette exécution faite, ils pénétrèrent plus avant, et alors découvrirent, avec une surprise croissante, mille choses qu'ils ne s'attendaient point à trouver là : c'étaient des amas de blé, des sacs de farine, des tonneaux de vin, des barriques d'eau-de-

v.   16

vie, des châtaignes et des pommes de terre ; puis des
caisses remplies d'onguens, de drogues et de charpie,
puis enfin un arsenal complet de fusils, d'épées, de baïonnettes, de poudre fabriquée, du soufre, du salpêtre et
du charbon pour en faire, enfin tout, jusqu'aux moulins
à bras nécessaires à sa fabrication. Lalande tint sa parole ;
un pareil trésor n'était pas trop payé de la vie d'une
vieille femme.

Cependant M. de Villars, ainsi qu'il s'y était engagé,
avait pris en passant à Lyon le baron d'Aygaliers, de sorte
que, pendant le trajet, le pacificateur avait eu tout le
temps de lui exposer son plan. Comme M. de Villars
était un esprit juste et conciliant, et qu'il désirait fort
mener à bien la besogne qu'il allait entreprendre, et dans
laquelle ses deux prédécesseurs avaient échoué, il lui
promit, ce sont ses propres expressions, d'avoir toujours
deux oreilles pour écouter les deux partis, et comme première preuve d'impartialité il ne voulut rien décider avant
d'avoir entendu M. de Julien, qui devait venir au-devant
de lui jusqu'à Tournon.

En effet M. de Julien se trouva dans cette ville, et
parla à M. de Villars un langage bien opposé à celui qu'il
avait entendu sortir de la bouche de d'Aygaliers ; selon
lui, il n'y avait de pacification possible que dans l'extermination entière des camisards ; aussi regrettait-il de
s'en être tenu aux quatre cents villages et hameaux qu'il
avait fait démolir et brûler dans les hautes Cévennes,
disant avec la conviction d'un homme qui a profondément
réfléchi sur la matière qu'il aurait fallu saccager tous les

MASSACRES DU MIDI.

autres, et tuer jusqu'au dernier paysan qu'on aurait rencontré dans la campagne.

M. de Villars arriva à Beaucaire, ainsi placé comme
don Juan entre le génie du bien et le génie du mal, dont
l'un lui conseillait la clémence, et l'autre le meurtre sans
avoir pris aucune résolution ; mais aussitôt son arrivée à
Nisme, d'Aygaliers rassembla les principaux protestans de
la ville, leur communiqua son projet, et les convainquit si
bien de son efficacité que, mettant aussitôt la main à
l'œuvre, ils dressèrent un acte par lequel ils demandèrent
au maréchal la permission de s'armer et de marcher
contre les rebelles, espérant les ramener par leur exemple,
ou résolus de les combattre pour témoigner de leur fidélité.

Cette requête, signée de plusieurs gentilshommes et
de presque tous les avocats et les marchands de la ville
de Nîmes, fut présentée à M. de Villars le mardi, 22
avril 1704 par M. d'Albenas, à la tête de sept à huit
cents personnes de la religion. M. de Villars reçut la requête avec bonté, remercia de leurs offres ceux qui se
présentaient : il ajouta qu'il ne doutait pas de la sincérité
de leurs protestations, que si leur secours lui était nécessaire, il se servirait d'eux avec autant de confiance
que s'ils étaient vieux catholiques ; qu'il espérait ramener
les rebelles par la douceur, et que pour le seconder dans
l'exécution de ce projet, il les priait de se répandre partout ; qu'une amnistie était offerte à tous ceux qui se re-
tireraient dans les huit jours avec leurs armes dans leurs
maisons. Puis pour prendre une idée exacte des hommes,

des choses et des localités, M. de Villars se mit en route dans le but de visiter les principales villes, et partit de Nîmes le surlendemain du jour où la requête des protestans lui avait été présentée.

Quoique la réponse à cette requête fût une espèce de fin de non recevoir, d'Aygaliers ne se lassa point, et suivit M. de Villars partout : en arrivant à Alais, le nouveau gouverneur eut une conférence avec Lalande et M. de Baville, afin de se consulter avec eux sur ce qu'il y aurait à faire pour que les camisards missent bas les armes ; le baron d'Aygaliers fut appelé à cette conférence, et en présence de Lalande et de M. de Baville représenta son projet : tous deux lui furent opposés, mais comme d'Aygaliers s'attendait à cette opposition, il lui résista par les meilleures raisons qu'il put trouver, et qui lui furent suggérées plus pressantes, par la conviction qu'il avait. Mais de Lalande et M. de Baville ne tinrent aucun compte de ces raisons, et repoussèrent la proposition pacificatrice avec tant de véhémence, que le maréchal, si porté qu'il fût peut-être à l'adopter, n'osa rien prendre sur lui, et dit qu'il s'arrêterait à un parti lorsqu'il serait à Uzès.

D'Aygaliers vit bien qu'il n'obtiendrait rien du maréchal tant qu'il ne ramènerait pas à lui le général ou l'intendant. Il examina donc celui des deux sur lequel il devait tenter une démarche, et quoique Baville fût son ennemi personnel, et qu'en plusieurs circonstances il lui eût donné à lui et à sa famille des preuves de cette haine, il se décida pour lui.

MASSACRES DU MIDI.

En conséquence, le lendemain, au grand étonnement de M. de Baville, d'Aygaliers se présenta chez lui. L'intendant le reçut froidement, mais cependant avec politesse, l'invita à s'asseoir, et lorsqu'il fut assis, le pria de lui faire connaître le motif qui l'amenait.

— Monsieur, lui dit alors le baron d'Aygalier, les raisons que ma famille et moi avons de nous plaindre de vous m'avaient fait prendre une si grande résolution de ne jamais vous demander aucune grâce, que vous avez pu vous apercevoir, pendant le voyage que nous venons de faire avec M. le maréchal, que j'eusse mieux aimé m'exposer à mourir de faim que de prendre un verre d'eau chez vous. Mais comme il ne s'agit point dans ce que je propose d'une affaire particulière, qui m'ait pour objet, je vous prie de regarder plutôt au bien de l'état qu'à la répugnance que vous avez pour ma famille, d'autant mieux qu'elle ne peut être fondée que sur ce que nous sommes d'une religion différente de la vôtre, ce qui est une chose que nous ne pouvions ni prévenir, ni empêcher. Ainsi, monsieur, ne détournez pas, je vous en supplie, M. le maréchal du parti que j'ai proposé, et qui peut faire cesser les troubles de notre province, arrêter le cours de tant de malheurs, que je crois que vous voyez à regret, et vous épargner beaucoup de peines et d'embarras.

Ce discours calme et surtout cette marque de confiance de M. d'Aygaliers touchèrent l'intendant, qui répondit : Qu'il ne s'était opposé au projet du pacificateur que parce qu'il le croyait impossible. Mais alors M. d'Aygaliers le

CRIMES CÉLÈBRES.

pressa tellement d'en essayer au moins avant de le condamner à tout jamais, que M. de Baville finit par y
donner les mains.

Aussitôt d'Aygaliers courut chez le maréchal qui, ainsi
qu'il l'espérait, se sentant soutenu dans sa sympathie, ne
fit plus aucune objection, mais au contraire lui ordonna
d'assembler le jour même les gens dont il comptait se
servir, et de les lui présenter le lendemain matin, avant
qu'il ne partit pour Nîmes.

Le lendemain, au lieu de cinquante hommes qu'avait
demandés le maréchal, et que d'Aygaliers s'était engagé
à lui présenter, il lui en amena quatre-vingts, presque
tous de bonne famille et quelques-uns même gentilshommes.

Le rendez-vous avait été fixé par le baron d'Aygaliers
à ses recrues dans la cour du palais épiscopal. — Ce palais,
dit le baron dans ses Mémoires, qui était magnifique et
orné de meubles superbes et de jardins en terrasse, était
habité par monseigneur Michel Poncet de La Rivière.
C'était, ajoute-t-il, un homme qui aimait passionnément
tous les plaisirs, la musique, les femmes et la bonne
chère. Il y avait toujours chez lui de bons musiciens, de
jolies filles dont il prenait soin, et des vins excellens qui
augmentaient visiblement sa vivacité, de sorte qu'il ne
quittait jamais la table sans être excessivement animé, et
que si dans ces momens surtout il s'imaginait que quelqu'un de son diocèse n'était pas aussi bon chrétien que
lui, il écrivait sans retard à M. de Baville pour le faire
exiler. Il a souvent fait cet honneur-là à feu mon père.

MASSACRES DU MIDI.

Aussi, continue d'Aygaliers, en voyant chez lui si grand
nombre de huguenots qui n'hésitaient pas à dire qu'ils
serviraient mieux le roi que les catholiques , faillit-il à
tomber de son balcon en bas, de chagrin et de surprise.
Ce chagrin augmenta encore lorsqu'il vit descendre dans
la cour et questionner tous ces gens-là M. de Villars et
M. de Baville qui logeaient dans son propre palais. Au
moins lui restait-il un espoir, c'est que le maréchal et
l'intendant descendaient pour les congédier, mais ce dernier espoir fut cruellement déçu lorsqu'il entendit M. de
Villars leur dire qu'il acceptait leur service et qu'il leur
ordonnait d'obéir à d'Aygaliers, en tout ce qui concernait
celui du roi. »

Mais ce n'était pas le tout : il fallait procurer des armes
aux protestans, et si peu nombreux qu'ils fussent, la chose
était difficile. Les malheureux religionnaires avaient été
si souvent désarmés, qu'on leur avait enlevé jusqu'aux
couteaux de table; il était donc inutile de chercher chez
eux ni sabres, ni fusils. D'Aygaliers proposa à M. de Villars
de se servir des armes de la bourgeoisie ; mais M. de Villars lui répondit que cela paraîtrait injurieux aux catholiques de les désarmer, pour armer ceux de la religion.
Cependant comme il n'y avait pas d'autre moyen, M. de
Villars finit par s'y décider, ordonna à M. de Paratte de
faire donner à d'Aygaliers cinquante fusils et autant de
baïonnettes, et partit pour Nîmes en lui laissant comme
récompense de ses longues peines la commission suivante :

» Nous maréchal de Villars, général des armées du
roi, etc., etc., avons permis à M. d'Aygaliers, gentil

homme nouveau converti de la ville d'Uzès, d'aller faire la guerre aux camisards avec cinquante hommes tels qu'il les voudra choisir.

Donné à Uzès, le 4 mai 1704.

Signé, VILLARS.

Et plus bas, MORETON.

Mais à peine M. de Villars fut-il parti pour Nîmes, que d'Aygaliers se retrouva dans de nouveaux embarras. L'évêque, qui ne pouvait lui pardonner d'avoir fait de son palais épiscopal une caserne de huguenots, alla de maison en maison menacer ceux qui avaient pris l'engagement de concourir au projet de d'Aygaliers, et défendit avec menace aux capitaines de bourgeoisie de livrer leurs armes aux protestans. Heureusement d'Aygaliers n'était point arrivé où il en était pour reculer devant quelques difficultés, il se mit en course de son côté, exalta les forts, rassura les faibles, et courut chez de Paratte, pour invoquer l'exécution de l'ordre donné par M. de Villars. De Paratte était heureusement un vieil officier qui ne connaissait rien que la discipline, de sorte que, loin de faire aucune opposition, il fit remettre à l'instant même à d'Aygaliers les cinquante fusils et les cinquante baïonnettes, si bien que le lendemain, à cinq heures du matin, il était prêt à se mettre en marche lui et la petite troupe qu'il commandait.

Mais de Baville et Lalande n'avaient pas vu sans jalousie l'influence que, en cas de réussite, d'Aygaliers ne

MASSACRES DU MIDI.

pouvait manquer de prendre dans la province; aussi
avaient–ils dressé à l'instant même leurs batteries pour
ne lui rien laisser à faire , en détachant de leur côté
Cavalier du parti qu'il avait embrassé. Ils ne se dissimu-
laient pas que ce n'était point chose facile, il est vrai;
mais, comme ils avaient à leur disposition, des moyens
de corruption que n'avait point d'Aygaliers, ils ne déses-
pérèrent point de réussir.

Ils allèrent, en conséquence, pour le mettre dans leurs
intérêts, trouver un cultivateur nommé Lacombe : c'était
celui-là même chez qui Cavalier, dans son enfance, était
resté deux ans comme berger. Il avait conservé avec le jeune
chef des relations amicales : il se chargea donc volontiers
d'aller le trouver dans la montagne, ce qui était une en-
treprise hasardeuse pour tout autre que pour lui, et de
lui porter les propositions de M. de Baville et de Lalande.

Lacombe tint parole : le jour même il se mit en route ,
et le surlendemain il avait rejoint Cavalier. Le premier
mouvement du jeune chef fut pour l'étonnement, et le
second pour la joie. Lacombe n'avait pu choisir un meilleur moment pour venir parler de paix à son ancien
berger.

« En effet , dit-il dans ses Mémoires , la perte que je
venais de faire à Nages était d'autant plus douloureuse
pour moi qu'elle était irréparable , puisque j'avais perdu
tout d'un coup une grande quantité d'armes, toute ma
munition, tout mon argent, mais surtout un corps de
soldats faits au feu et à la fatigue, et avec lesquels je pouvais

tout entreprendre; mais ma dernière perte, c'est-à-dire celle de mes magasins, était la plus sensible et la plus fatale de toutes celles qui l'avaient précédée, mises ensemble, parce que auparavant j'avais toujours eu quelque ressource pour me rétablir, mais qu'alors je n'en avais plus aucune. Le pays était désolé, l'amitié de mes amis était refroidie, leurs bourses épuisées, cent bourgs saccagés et brûlés, toutes les prisons pleines de protestans, la campagne déserte. Ajoutez à cela que le secours d'Angleterre, promis depuis si long-temps, ne venait pas, et que le maréchal de Villars était arrivé dans la province avec de nouvelles troupes. »

Cependant, malgré cette situation presque désespérée, Cavalier demeura hautain et froid aux propositions de Lacombe, et sa réponse fut : — Qu'il ne mettrait jamais bas les armes que les protestans n'eussent obtenu pour l'avenir le libre exercice de leur religion.

Quelle que positive que fût cette réponse, Lalande ne désespéra point d'amener Cavalier à composition; il lui écrivit de sa main une lettre pour lui demander une entrevue, lui protestant que, s'ils ne tombaient point d'accord, il serait libre de se retirer sans qu'il lui arrivât le moindre mal; mais à cette promesse il ajoutait : Que s'il refusait cette offre, il le regarderait comme l'ennemi de la paix et le rendrait responsable de tout le sang qui serait répandu à l'avenir.

Cette ouverture était celle d'un soldat : aussi sa franchise toucha-t-elle si fort Cavalier, que pour ôter à ses amis aussi bien qu'à ses ennemis jusqu'au moindre pré-

MASSACRES DU MIDI

texte de le blâmer il résolut de faire voir à chacun qu'il était prêt à saisir la première occasion de faire une paix avantageuse.

En conséquence il répondit à Lalande : — Qu'il se trouverait le jour même, 12 mai, à l'heure de midi, au pont d'Avène, et il remit cette lettre à Catinat, en lui ordonnant de la porter au général catholique.

Catinat était digne de la mission qu'il recevait. C'était un paysan du Cayla, nommé Abdias Maurel, qui avait servi sous le maréchal Catinat, dont il avait pris, ou plutôt, dont on lui avait donné le nom, parce que, revenu dans ses foyers, il parlait sans cesse de ses campagnes d'Italie, où le maréchal avait si vaillamment lutté contre le prince Eugène. C'était, comme nous l'avons vu, le bras droit de Cavalier, qui l'avait mis à la tête de sa cavalerie, et qui à cette heure lui donnait un poste plus dangereux encore, en l'envoyant vers un homme qui plus d'une fois avait dit qu'il donnerait deux mille livres à celui qui lui apporterait la tête de Cavalier, et mille à celui qui lui apporterait celle de l'un ou de l'autre de ses lieutenans. Catinat n'ignorait pas cette offre de Lalande, et cependant il ne s'en présenta pas moins devant le général avec une tranquillité parfaite ; seulement, par un sentiment de convenances, ou peut-être même par un mouvement d'orgueil, il avait mis son habit des jours de bataille.

La contenance fière et hardie de l'homme qui lui présentait la lettre de Cavalier étonna le général, qui lui demanda qui il était.

CRIMES CÉLÈBRES.

— Je suis Catinat, lui répondit celui-ci.

— Catinat! s'écria Lalande étonné.

— Oui, Catinat, le commandant de la cavalerie de Cavalier.

— Comment, dit Lalande, vous êtes ce Catinat qui a massacré tant de gens sur le terroir de Beaucaire?

— Sans doute, je suis le même; j'ai fait ce que vous dites, et j'ai cru devoir le faire.

— Alors, dit M. de Lalande, je vous trouve bien hardi d'oser paraître devant moi.

— Je suis venu, repondit fièrement Catinat, sur votre foi, et sur la parole que m'a donnée frère Cavalier, qu'il ne me serait fait aucun mal.

— Et il a eu raison, dit Lalande en prenant la lettre; puis, l'ayant lue : — Retourne auprès de Cavalier, continua-t-il, et assure-le que dans deux heures je me rendrai au pont d'Avène avec trente dragons seulement et quelques officiers. Qu'il s'y trouve donc de son côté avec un pareil nombre de ses gens.

— Mais, répondit Catinat, peut-être que frère Cavalier ne voudra pas venir avec une si pauvre suite.

— Eh bien! dis-lui alors, repartit Lalande, qu'il vienne avec son armée tout entière, s'il veut. Mais, quant à moi, je ne prendrai pas un homme de plus que je n'ai dit; et puisque Cavalier se fiait à moi, je me fierai à lui.

Catinat rapporta à son chef la réponse de Lalande; elle était telle que le jeune camisard les aimait et les comprenait. Aussi, laissant toute sa troupe à Massanes, il ne prit avec lui que soixante hommes choisis dans son

MASSACRES DU MIDI.

infanterie, et huit cavaliers. En arrivant en vue du pont,
il aperçut de l'autre côté Lalande qui s'approchait de son
côté ; alors le jeune camisard dit à ses soixante hommes de
s'arrêter, fit quelques pas encore avec ses huit cavaliers,
puis leur ordonna de faire halte à leur tour, et s'avança
seul vers le pont. Lalande en fit de même par rapport
aux dragons et aux officiers de sa suite, et, mettant
pied à terre, vint au-devant de Cavalier.

Tous deux se joignirent au milieu du pont, et se saluèrent avec la courtoisie d'hommes qui avaient appris
à s'estimer à leur propre valeur sur le champ de bataille ;
puis, après un instant de silence, qu'ils passèrent tous
deux à s'examiner :

— Monsieur, dit Lalande, le roi, par un effet de sa
clémence, souhaite de finir la guerre qui est entre ses
sujets et qui ne peut que causer la ruine de son royaume ;
et comme il sait que cette guerre n'a été allumée et en-
tretenue que par ses ennemis extérieurs, il espère ne
trouver aucune opposition dans ceux qui ont pu être
égarés un instant, mais auxquels il offre leur pardon.

— Monsieur, répondit Cavalier, cette guerre n'ayant
point été soulevée par les protestans, les protestans sont
tout prêts à recevoir la paix, mais une paix franche,
sans restriction et sans arrière-pensée. Ils n'ont pas le
droit, je le sais, d'imposer des conditions ; mais on leur
accordera, je l'espère, le droit de discuter celles qu'on
leur proposera. Parlez donc, monsieur, que je sache si
les offres que vous avez mission de me transmettre sont
acceptables.

CRIMES CÉLÈBRES.

— Mais si vous vous trompiez, dit Lalande, si le roi désirait savoir avant tout quelles sont vos prétentions et en quoi consistent vos demandes?

— En ce cas, répondit Cavalier, je vous les dirais tout de suite, pour ne pas faire traîner les négociations en longueur; car chaque minute, vous le savez, coûte la vie ou la fortune à quelqu'un.

— Dites-les donc, reprit Lalande.

— Eh bien! dit Cavalier, ces demandes consistent en trois choses : la première, qu'on nous accorde la liberté de conscience; la deuxième, qu'on délivre des prisons et des galères tous ceux qui sont détenus pour cause de religion, et la troisième, que si l'on nous refuse la liberté de conscience, on nous permette du moins de sortir du royaume.

— Autant que j'en puis juger, répondit Lalande, je ne crois pas que le roi accepte la première proposition ; mais il est possible qu'il vous accorde la troisième. Dans le cas où il l'accorderait, combien de protestans emmèneriez-vous avec vous

— Dix mille, de tout âge et de tout sexe.

— La demande est excessive, monsieur, dit Lalande, et je crois que sa majesté n'est pas disposée à aller au-delà de trois mille.

— Alors, rien ne se fera donc, répondit Cavalier; car je n'accepterai de passe-port que pour dix mille hommes, et encore à cette condition, que le roi nous accorderait trois mois pour disposer de nos effets et de nos biens et nous retirer ensuite sans être inquiétés. S'il ne plaît pas

MASSACRES DU MIDI.

à sa majesté de nous laisser sortir du royaume, qu'il lui plaise alors de rétablir nos édits et nos priviléges, et nous redeviendrons ce que nous étions alors, c'est-à-dire ses fidèles et obéissans sujets.

— Monsieur, dit Lalande, je transmettrai vos conditions à M. le maréchal, et je serai désolé si nous n'en venons pas à une conclusion. Et maintenant, me permettrez-vous de voir de plus près les braves avec lesquels vous avez fait de si étonnantes choses?

Cavalier sourit ; car lorsque ces braves étaient pris, ils étaient roués, brûlés ou pendus comme des brigands. Pour toute réponse il s'inclina donc et marcha le premier du côté de sa propre troupe. M. de Lalande le suivit avec une confiance entière, et, dépassant le piquet de cavalerie de huit hommes qui se tenait sur le chemin, il s'approcha de l'infanterie, et, tirant de sa poche une poignée d'or, il la sema devant le premier rang, en disant :

— Tenez, mes amis, voilà pour boire à la santé du roi

Pas un ne bougea pour ramasser cet or; seulement un camisard répondit en secouant la tête :

— Ce n'est pas d'or que nous avons besoin, mais de la liberté de conscience.

— Mes amis, répondit Lalande, il n'est malheureusement pas en mon pouvoir de vous accorder ce que vous me demandez là; vous ferez bien de vous soumettre aux volontés du roi et de vous en rapporter à sa clémence.

— Monsieur, répondit Cavalier, croyez que nous sommes tout prêts à obéir à ses ordres, pourvu qu'il

CRIMES CÉLÈBRES.

veuille bien nous accorder nos justes demandes ; sans quoi nous mourrons plutôt les armes à la main, que de nous exposer de nouveau à des violences pareilles à celles qu'on nous a déjà fait souffrir.

— Vos demandes seront textuellement portées à M. de Villars, qui les transmettra au roi, répondit Lalande, et croyez, monsieur, que je ferai les vœux les plus sincères pour que sa majesté ne les trouve point exorbitantes.

A ces mots, M. de Lalande salua Cavalier, et voulut se retirer vers sa troupe ; mais celui-ci, jaloux de lui donner les mêmes marques de confiance qu'il en avait reçues, traversa le pont à son tour, et alla reconduire. M de Lalande jusqu'à ce qu'il eût rejoint ses soldats. Alors les deux chefs se saluèrent, M. de Lalande remonta à cheval et reprit la route d'Uzès, tandis que Cavalier retournait vers ses compagnons.

Cependant d'Aygaliers, qui, ainsi que nous l'avons vu, était parti d'Uzès le 5 mai seulement, pour s'aboucher avec Cavalier, ne put le rejoindre que le 13, c'est-à-dire le lendemain de sa conférance avec Lalande. D'Aygaliers raconte lui-même cette entrevue, et nous ne pouvons mieux faire que d'emprunter son récit.

« Quoique ce, fût la première fois que nous nous vissions, nous nous embrassâmes comme si nous nous étions connus depuis long-temps. Ma petite troupe se mêla avec la sienne, et ils se mirent à chanter des psaumes ensemble pendant que nous parlions, Cavalier et moi. Je fus très-satisfait de sa conversation et n'eus point de peine

MASSACRES DU MIDI.

à lui persuader qu'il lui fallait se soumettre pour le bien de ses frères, et que ceux-ci alors pourraient prendre le parti qui leur conviendrait le mieux, ou de sortir du royaume, ou de servir le roi, mais que je croyais meilleur le dernier, pourvu qu'on nous laissât prier Dieu selon le sentiment de notre conscience, parce que j'espérais qu'en servant fidèlement sa majesté elle reconnaîtrait qu'on lui en avait imposé lorsqu'on nous avait dépeints auprès d'elle comme de mauvais sujets, et que par là nous pourrions obtenir la même liberté de conscience pour le reste du peuple ; que je ne voyais pas d'autre ressource pour faire changer notre état déplorable ; que pour eux, ils pourraient bien se maintenir encore quelque temps dans les bois et dans les montagnes, mais qu'ils n'étaient point en état d'empêcher les habitans des villes et de tous les lieux fermés de périr.

— Alors il me répondit que, quoique les catholiques n'eussent guères accoutumé de tenir parole à ceux de notre religion, il voulait bien hasarder sa vie pour le soulagement de ses frères et de toute la province ; qu'il espérait pourtant qu'en se confiant à la clémence du roi, pour qui il n'avait jamais cessé de prier Dieu, il ne lui arriverait aucun mal. —

Alors d'Aygaliers, enchanté de le trouver dans ces bonnes dispositions, le supplia de lui donner une lettre pour M. de Villars, et comme Cavalier, qui connaissait le négociateur pour un homme loyal et zélé, avait grande confiance en lui, il ne fit aucune difficulté et lui donna la lettre suivante.

18

CRIMES CÉLÈBRES.

« Monseigneur;

» Voulez-vous me permettre de recourir à votre excellence pour vous supplier bien humblement de m'accorder la grâce de votre protection, pour moi et pour ma troupe, qui brûlons du zèle ardent de réparer la faute que nous avons commise en prenant les armes, non pas contre le roi comme nos ennemis nous l'ont voulu imputer, mais pour défendre notre vie contre nos persécuteurs, qui l'ont attaquée avec une si grande animosité, que nous n'avons pas cru que ce fût par ordre de sa majesté : nous savons qu'il est écrit dans saint Paul que les sujets doivent être soumis à leur souverain. Si malgré ces protestations très-sincères, le roi demande notre sang, nous serons prêts dans peu de temps à remettre nos personnes à sa justice ou à sa clémence : nous nous estimerons très-heureux, monseigneur, si sa majesté, touchée de notre repentir, à l'exemple du grand Dieu de miséricorde dont elle est l'image sur la terre, nous veut faire la grâce de nous pardonner et nous recevoir à son service ; nous espérons que par notre fidélité et par notre zèle nous acquerrons l'honneur de votre protection, et que sous un illustre et bienfaisant général tel que vous, monseigneur, nous ferons gloire de répandre notre sang pour les intérêts du roi ; c'est par là que je souhaite aussi qu'il plaise à votre exellence me permettre que je me dise avec un profond respect et une parfaite soumission,

» Monseigneur,

» Votre très-humble et très-obéissant serviteur,

» CAVALIER. »

MASSACRES DU MIDI

D'Aygaliers, une fois possesseur de cette lettre, partit
tout joyeux pour Nîmes ; car il était certain d'apporter
à M. de Villars bien plus qu'il n'attendait de lui. En
effet quand le maréchal vit où en étaient les choses, malgré tout ce que put lui dire Lalande qui prétendait dans
sa jalousie que d'Aygaliers gâterait tout, il le renvoya vers
Cavalier pour l'inviter à venir lui-même à Nîmes ; d'Aygaliers partit aussitôt en disant qu'il s'engageait à le ramener,
ce qui fit beaucoup rire Lalande, qui se moqua de cette
confiance et qui protesta que Cavalier ne viendrait point.

Il est vrai qu'il venait de se passer dans la montagne
des choses qui pouvaient changer les dispositions du jeune
chef. Le comte de Tournan qui commandait à Florac
avait été taillé en pièces dans la plaine de Fondmortes,
par l'armée de Roland, et avait perdu deux cents hommes, une somme considérable d'argent, et vingt-quatre
mulets chargés de munitions et de vivres. Mais M. de
Villars fut bientôt rassuré à ce sujet, car six jours après
cette défaite, il reçut, par l'entremise de Lacombe, celui-
là même qui avait par ses négociations amené l'entrevue
du pont d'Avesnes, une lettre de Cavalier, qui lui expri-
mait tous ses regrets de ce qui venait d'arriver.

D'Aygaliers trouva donc Cavalier dans les meilleures
dispositions, lorsqu'il le joignit à Tarnac : néanmoins le
premier mouvement du jeune Cévenol fut tout à la stu-
péfaction. Une entrevue avec le maréchal de Villars était
un honneur si grand, et auquel il était si loin de s'attendre, qu'il crut presque à une trahison ; mais aussitôt la
réputation de loyauté du maréchal lui revint à l'esprit ;

CRIMES CÉLÈBRES.

d'ailleurs, d'Aygaliers était incapable de servir d'inter-
médiaire à une pareille action. Cavalier fit donc répondre
qu'il était tout prêt à se rendre aux ordres du maréchal,
et qu'il s'en rapportait entièrement à sa loyauté, pour
fixer les conditions de l'entrevue. M. de Villars lui fit
répondre qu'il l'attendrait le 16, dans le jardin du cou-
vent des Récollets de Nîmes, situé hors de la ville, entre
les portes de Beaucaire et de la Madeleine, et qu'il trouverait de Lalande sur le chemin de Carayrac, où il s'a-
vancerait pour le recevoir et lui remettre des otages.

Le 15 mai, Cavalier partit de Tarnac à la tête de cent
soixante hommes d'infanterie et de cinquante chevaux ;
il était accompagné de son jeune frère, de d'Aygaliers et
de Lacombe, et vint coucher à Langlade.

Le lendemain, il partit avec la même suite pour se
rendre à Nîmes, et ainsi que la chose était convenue,
trouva entre Carayrac et Saint-Césaire, Lalande, qui venait au-devant de lui, et qui lui remit des otages : ces
otages étaient M. de la Duretière, capitaine au régiment
de Fimarçon, un capitaine d'infanterie, quelques autres
officiers et dix dragons. Cavalier les remit à son lieutenant, Ravanel, qui commanda l'infanterie, et les laissa
sous sa garde à Saint-Césaire; quand à la cavalerie, elle
s'avança jusqu'à une portée de mousquet de Nîmes, et
campa sur les hauteurs. Outre cela, Cavalier posta des
sentinelles et de védettes par tous les endroits par où l'on
pouvait aller à sa troupe; de sorte qu'il y en avait jusqu'à
la fontaine de Diane et au jeu de mail; puis, ces dispositions faites, il marcha vers la ville, accompagné de son

MASSACRES DU MIDI.

jeune frère, de d'Aygaliers, de Lacombe et de dix-huit cavaliers, qui lui servaient de gardes du corps, sous le commandement de Catinat.

Lalande prit les devans, et se rendit au grand galop près du maréchal, qui se promenait en attendant dans le jardin des récollets avec M. de Baville et Sandricourt, et qui avait à chaque instant la crainte de recevoir la nouvelle que Cavalier refusait de venir, car il comptait beaucoup sur cette négociation; mais l'arrivée de Lalande le rassura : le jeune Cévenol le suivait.

En effet, dix minutes après, on entendit de grands cris et un grand tumulte; c'était le peuple qui se précipitait au-devant de son héros. Pas un protestant peut-être, excepté les vieillards paralytiques et les enfans au maillot, n'était resté à sa maison; car tous ces religionnaires, après avoir vu dans Cavalier leur champion, le regardaient maintenant comme leur sauveur, si bien qu'hommes et femmes se précipitaient jusque sous les pieds de son cheval, pour baiser les pans de son habit; il semblait donc, non pas un chef de rebelles qui vient solliciter une amnistie pour lui et pour ses soldats, mais un triomphateur qui entre dans une ville reconquise.

Le maréchal de Villars entendit du jardin des récollets tout ce bruit et tout ce tumulte, et comme on lui dit quelle en était la cause, il en prit une estime plus grande encore pour le jeune Cévenol, dont chaque jour, depuis son arrivée, la puissance lui devenait de plus en plus visible. En effet, au bout de quelques minutes, et à mesure que Cavalier s'approchait, le bruit et le tumulte devinrent

CRIMES CÉLÈBRES.

si grands, qu'un instant M. de Villars eut l'idée que ce n'était pas lui qui eût dû donner des otages, mais en recevoir. En ce moment, Cavalier parut à la porte, et ayant vu la garde du maréchal rangée sur une seule ligne, il fit ranger la sienne sur une ligne parallèle : il était, disent les Mémoires du temps, vêtu d'un habit couleur de café ; sa cravate de mousseline blanche était très-ample ; il portait un baudrier auquel pendait son épée ; il était coiffé d'un feutre noir galonné, et montait un magnifique cheval bai, le même qui avait été pris à M. de la Jonquière dans la sanglante journée de Vergenne.

Le lieutenant de la garde le reçut à la porte, et aussitôt Cavalier mit pied à terre, jeta la bride de son cheval aux mains d'un de ses hommes, entra dans le jardin, et s'avança vers le groupe qui l'attendait, et qui se composait, comme nous l'avons dit, de M. de Villars, de M. de Baville et de Sandricourt. M. de Villars le regardait s'approcher avec un étonnement croissant, car il ne pouvait croire que dans le jeune homme, ou plutôt dans l'enfant qui s'avançait vers lui, il voyait le terrible chef Cévenol, dont le nom seul faisait frissonner ses plus braves soldats ; en effet, Cavalier, à cette époque, avait à peine vingt-quatre ans, et grâce à ses longs cheveux blonds, qui tombaient sur ses épaules, et à ses yeux qui étaient d'une douceur extrême, il en paraissait à peine dix-huit. De son côté, Cavalier ne connaissait aucun des trois hommes qu'il avait devant les yeux. Cependant, autant par son costume que par son air de commandement, M. de Villars attira toute son attention. Ce fut donc lui qu'il salua le

MASSACRES DU MIDI.

premier ; puis, se retournant vers les autres, il s'inclina
de nouveau, mais moins profondément qu'il n'avait fait
pour M. de Villars ; alors, tout interdit et les yeux baissés,
il resta immobile et muet, tandis que le maréchal fixait
sur lui des yeux étonnés, et les reportait de temps en temps
sur Baville et Sandricourt, comme pour leur demander
s'ils ne le trompaient point, et si c'était bien là l'homme
qu'ils attendaient. Enfin, ne pouvant en croire leurs signes
affirmatifs :

— C'est bien vous qui êtes Jean Cavalier ? demanda-t-il
au jeune chef Cévenol.

— Oui, monseigneur, répondit celui-ci d'une voix visiblement émue.

— Mais Jean Cavalier, le général des camisards ?...
celui qui prend le titre de duc des Cévennes ?

— Je ne prends point ce titre, monseigneur, dit Cavalier ; seulement, quelquefois on me le donne, en riant
sans doute ; car le roi seul a le droit de donner des titres,
et je me félicite bien sincèrement, monseigneur, qu'il
vous ait donné celui de gouverneur du Languedoc.

— Lorsque vous parlez du roi, ne pourriez-vous l'appeler Sa Majesté ? dit M. de Baville. Sur mon âme, le
roi est bien bon de consentir à traiter avec un rebelle.

Le sang monta à la tête de Cavalier, et une rougeur
ardente passa comme une flamme sur son visage ; puis,
après un instant de silence, fixant un œil assuré sur M. de
Baville et parlant d'une voix aussi ferme qu'elle était
tremblante un instant auparavant :

— Si c'est pour me dire de pareilles choses que vous

CRIMES CÉLÈBRES.

m'avez fait venir, monsieur, dit-il, mieux valait me laisser
dans mes montagnes, ou venir y chercher vous-même une
leçon d'hospitalité. Si je suis un rebelle, ce n'est pas moi
qui répondrai de ma rébellion ; car ce sont les tyrannies
et les cruautés de M. de Baville qui nous ont mis les armes
à la main ; et si l'histoire fait quelque jour un reproche
au grand roi dont je viens solliciter aujourd'hui le pardon,
ce ne sera pas, je l'espère, d'avoir eu des ennemis comme
moi, mais d'avoir eu des amis comme lui.

M. de Baville devint pâle de colère ; car, soit que Ca-.
valier l'eût reconnu ou non, la riposte était violente et
frappait en plein visage ; aussi allait-il répondre, lorsque
M. de Villars l'arrêta.

— Ce n'est qu'à moi que vous avez à faire, monsieur,
dit-il à Cavalier, ne vous préoccupez donc que de moi, je
vous prie. Je vous parle au nom du roi, monsieur ; et le
roi, dans sa clémence, veut épargner ses sujets et suivre
avec eux les voies de la douceur.

Cavalier ouvrit la bouche pour répondre ; mais l'intendant lui coupa la parole.

— Et j'espère que cela doit vous suffire, dit-il dédai-
gneusement ; et que comme le pardon est déjà plus que
vous ne pouviez attendre, vous cesserez de prétendre à
d'autres articles ?

— Ce sont précisément ces articles-là, répondit Cavalier en s'adressant à M. de Villars, et comme si c'eût été
à lui qu'il répondait, qui nous ont mis les armes à la main.
Si j'étais seul, monseigneur, je me livrerais pieds et
poings liés à votre loyauté ; je ne demanderais aucune

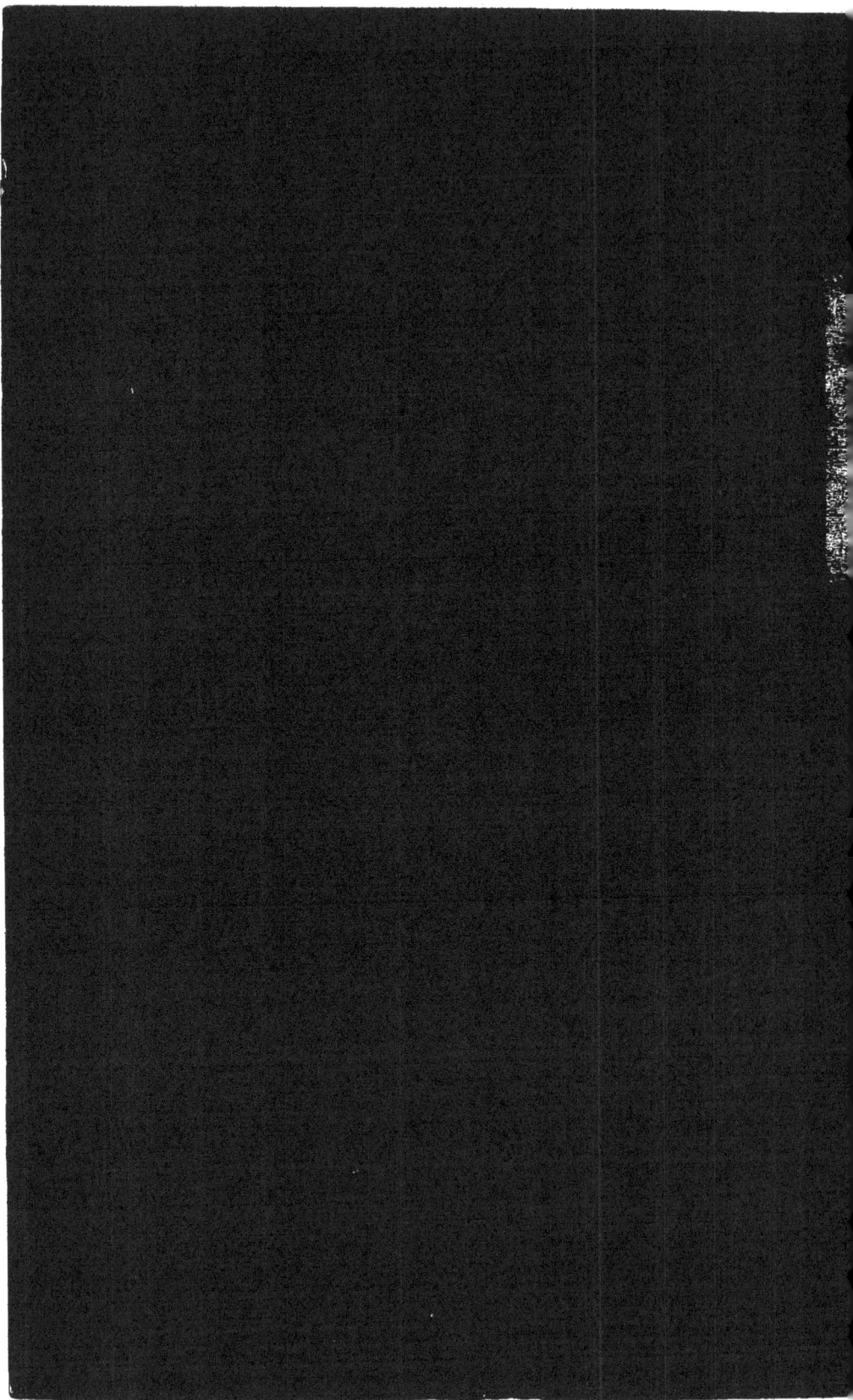

www.ingramcontent.com/pod-product-compliance
Lightning Source LLC
Chambersburg PA
CBHW071523200326
41519CB00019B/6042